HISTORIQUE,

SITUATION ET RAISONS D'ÊTRE

DU SERVICE D'EXPÉRIENCES

SUR L'ENTRETIEN DES ROUTES.

> Si je faisais une religion, je mettrais l'intolérance au rang des sept péchés mortels.
> VOLTAIRE.

> La répétition est la plus utile, la plus puissante des figures de rhétorique.
> NAPOLÉON.

> Fais ce que dois, advienne que pourra.
> LA MORALE.

PAR

BERTHAULT-DUCREUX,

INGÉNIEUR EN CHEF DES PONTS ET CHAUSSÉES.

PARIS,

CARILIAN-GŒURY et V.^{on} DALMONT, quai des Augustins, n.ºs 39 et 41.

MAI 1845.

HISTORIQUE

SITUATION, ET RAISONS D'ÊTRE

DU SERVICE D'EXPÉRIENCES

SUR L'ENTRETIEN DES ROUTES.

Chalon-sur-Saône, Imp. de J. DEJUSSIEU.

HISTORIQUE,

SITUATION, ET RAISONS D'ÊTRE

DU SERVICE D'EXPÉRIENCES

SUR L'ENTRETIEN DES ROUTES.

> Si je faisais une religion, je mettrais l'intolérance au rang des sept péchés mortels. **VOLTAIRE.**
>
> La répétition est la plus utile, la plus puissante des figures de rhétorique. **NAPOLÉON.**
>
> Fais ce que dois, advienne que pourra. **LA MORALE.**

PAR

BERTHAULT-DUCREUX,

INGÉNIEUR EN CHEF DES PONTS-ET-CHAUSSÉES.

PARIS,

CARILLIAN-GŒURY et V.ᵒⁱ DALMONT, quai des Augustins, n.ᵒˢ 39 et 41.

Mai 1845.

AVANT-PROPOS.

§ 1.er — Depuis seize ans que nous écrivons sur les questions de routes et de roulage, nous nous sommes constamment appliqué à nous placer dans le mouvement des idées, et à traiter, dans chacune de nos publications, de ce qui, pour le moment, nous semblait le plus propre à éclairer celles de ces questions qui étaient en litige, ou à donner le moyen de hâter le progrès de l'ordre de connaissances dont elles ressortent. Cet opuscule, qui est destiné à faire apprécier l'utilité dont a été, est, et peut être le service d'expériences sur l'entretien des routes, appartient surtout à ce second point de vue.

Aujourd'hui, parmi les personnes qui ont suivi, fût-ce superficiellement, les controverses dont les routes et le roulage sont, depuis une vingtaine d'années, l'objet, il en est peu qui n'aient été frappées non seulement du peu d'accord, et l'on pourrait presque dire de l'anarchie qui règne entre les opinions de ceux qui y ont pris part, mais encore et surtout de la faveur qu'ont obtenue à diverses époques, tant récentes qu'anciennes, des idées dont aujourd'hui l'on conçoit à peine que l'on ait jamais pu faire le moindre cas. Il en est peu, par conséquent, qui ne commencent à comprendre que, lorsque l'ingénieur le plus distingué du corps des ponts-et-chaussées a dit de la manière de traiter, il y a quelques années, les routes, que c'était celle de ne pas les entretenir, cela n'était que trop vrai, et que, quand journellement les hommes les plus spéciaux publient que l'art chargé de ce soin ne fait que de naître, ils ne font qu'énoncer une vérité, un fait patents.

§ 2. — L'administration, en créant le service d'expériences, et en le maintenant malgré des oppositions nombreuses et plus ou moins influentes, a fait, comme on le verra dans ce travail, une des choses qui ont le plus contribué et qui contribuent le plus à épargner à cet art une longue enfance : mais elle n'a pu la supprimer. Elle n'a pas même pu l'affranchir des conditions de souffrance imposées, dans tous les ordres de connaissances, à cette phase de la vie, conditions d'ailleurs dans lesquelles elle-même était appelée à jouer un rôle ; tout ce qu'elle a pu faire, ç'a été d'en diminuer la rigueur.

Des notions sur les principaux faits qui révèlent cette enfance, dont il n'a pas même encore traversé la première période, ne pouvant manquer d'intéresser, nous en donnerons, sous le titre : *Coup d'œil général sur le passé et le présent de l'Art*; un énoncé sommaire. Nous n'aurions pu d'ailleurs nous en dispenser sans tronquer notre sujet, car ces faits ont avec le service d'expériences des rapports intimes.

§ 3. — Pendant des siècles, les conditions auxquelles nous venons de faire allusion, comme toutes celles qu'ont eu à subir, pour se faire adopter, les vérités de quelque valeur, ont été d'autant plus dures et plus pénibles, qu'elles venaient heurter plus directement, plus vivement, plus franchement, les idées reçues ; que, surtout, ces idées étaient celles d'autorités puissantes, autorités à la tête desquelles, dans les pays civilisés, il faut mettre les corps, sociétés et coteries qui représentent la science (1). Pendant des siècles, presque tous ceux qui ont fait faire un grand pas à un art, à une science, en ont été récompensés par des tourments, et ceux qui ont concouru fortement à sa propagation, par de mauvais traitements. Aujourd'hui, ces épreuves ont cessé, du moins généralement, d'être cruelles, même brutales ; elles ne consistent plus que dans l'injustice, le dénigrement, la moquerie, le manque de sympathie, toutes choses dont on peut plus aisément prendre son parti. Disons même que ces caractères vont chaque jour en s'améliorant, et qu'ils s'inspirent déjà parfois aux sentiments de bienveillance qui, à travers les luttes de l'époque, commencent à animer tant de personnes éclairées.

Les inventeurs et les propagateurs, la société surtout, souffrent trop de l'état habituel d'hostilité qui jusqu'à ce jour a existé entre eux, pour que les choses ne continuent pas à suivre cette marche. Ils finiront par comprendre, ceux-là, que comme, pour une idée bonne et viable qui voit le jour, il y en a des milliers de mauvaises, ils doivent se défier des leurs, même de celles dont ils sont le plus satisfaits, et ne pas trouver mauvais qu'avant de les accueillir on observe ce qu'ils en savent faire ; celle-ci, que tout ce

---

(1) C'est avec beaucoup de raison, l'histoire en fait foi, que J.-J. Rousseau a dit : *Les savants ont moins de préjugés que les autres hommes, mais ils y tiennent davantage.*

dont elle jouit, tout ce qui lui est utile et agréable, a dû le jour à l'un d'eux, la vulgarisation à plusieurs, et que si elle ne les eût pas long-temps honnis, conspués, elle en eût été en possession beaucoup plus tôt; que de plus, elle n'aurait pas découragé nombre d'autres chercheurs et prôneurs dont la retraite a été pour elle un malheur, parfois même une calamité; que, par conséquent, elle ne saurait se montrer pour eux, tout en étant prudente, trop indulgente et affectueuse.

Sans doute, ces dispositions conciliantes n'empêcheront pas les discussions, la controverse, ce qui d'ailleurs serait très-fâcheux, puisque ce n'est que par elle qu'on s'éclaire; mais elles en éloigneront l'acrimonie, l'âpreté, tout ce qui semble dirigé à dessein contre les amours-propres, ou le rendront plus rare.

Ajoutons cependant qu'en aucun cas elles ne devront aller jusqu'à faire farder la vérité, dénaturer les faits, les actes, en changer le caractère; que même, quand des personnes non versées dans une matière, et à bien plus forte raison qui y seront étrangères, s'exprimeront ou agiront de façon à entraver fortement le progrès, ce ne pourra être un motif, si distinguées qu'elles soient, pour dissimuler la gravité de leurs erreurs, vu qu'il est de l'intérêt général de les rendre, elles et ceux qui seraient tentés de les imiter, plus circonspects; le respect pour la pureté des intentions ne pouvant aller jusqu'à faire absoudre toutes les légèretés. Exposons-nous, si cela nous plaît, à dire, même à faire des énormités, mais alors ne trouvons pas mauvais qu'on les relève. Un des premiers soins à prendre, quand on veut faire progresser un ordre de recherches, c'est de commencer par en éloigner le plus possible ceux qui font perdre du temps en débats stériles, ceux surtout

qui auraient besoin, pour être en état d'y prendre part,
qu'on leur en donnât au moins les premières notions.

§ 4. — Le service d'expériences sur l'entretien des
routes, datant de douze ans pour une moitié de son étendue,
de huit pour l'autre, a nécessairement eu sa part, et, comme
on le verra, une forte part, dans le mouvement d'idées que
ne pouvait manquer de faire naître dans un corps aussi instruit que celui des ponts-et-chaussées les débats dont cet
entretien et le roulage ont été l'objet. Il a même été forcément pour beaucoup de monde un point de mire, soit par
suite de son origine et de son but; soit parce que, traver-
sant du nord au midi la moitié de la France, il se trouve
voisin d'un grand nombre d'autres services; soit parce que,
sur sa plus grande longueur, il est, ou peu s'en faut, la communication la plus fatiguée du royaume; soit parce qu'il
renferme deux des trois routes que l'administration avait si-
gnalées aux chambres comme inentretenables (1); soit parce
que, dans sa plus grande étendue, la viabilité était, quand
il a été créé, affreuse, etc., etc.; soit enfin parce que les
écrits, les doctrines de son chef l'avaient mis plus ou moins
en relief. On conçoit donc déjà pourquoi nous avons dit
plus haut que les notions sur l'enfance de l'art sont intime-
ment liées à celles relatives à ce service.

(1) Il a, entre Le Pin et Marseille, une partie fréquentée à plus de quinze
cents colliers, dont deux tiers en roulage. La portion de ce service comprise
entre Aix et cette dernière ville est une des trois routes désignées plus haut.
Son tonnage n'était guère alors que le tiers de ce qu'il est aujourd'hui. Un
ingénieur qui avait été chargé de la première partie, nous disait, il y a huit
ans, dans les salons mêmes du directeur général, qu'il y avait folie à nous
d'avoir accepté la mission de la rendre viable.

Quant aux observations qui ont suivi cette réflexion, elles nous ont été suggérées par l'impression qui nous est restée de l'ensemble des faits que nous aurons à produire, ensemble qui doit être, comme l'indique le titre de cette brochure, la représentation exacte, le tableau fidèle de tout ce qu'ils ont pu et peuvent offrir d'utile à savoir pour le progrès de l'ordre de connaissances auquel ils appartiennent.

Notre projet n'était pas de composer encore ce travail, et peut-être même ne l'eussions-nous jamais exécuté ; mais des circonstances dont il sera rendu compte, nous ayant mis dans la nécessité d'éclairer promptement l'opinion, et surtout celle de plusieurs conseils généraux et administrateurs, sur les caractères d'une création que l'autorité supérieure a seule les moyens d'apprécier, nous avons dû en prendre notre parti.

§ 5. — Ces prémices font pressentir que nous aurons à toucher à des cordes délicates ; et, en effet, cette création a été attaquée trop rudement, trop publiquement et par trop forte partie, pour que nous puissions nous dispenser de répondre. Le moyen d'ailleurs d'éviter de toucher à ces cordes quand on s'est donné pour mission de faire avancer un art éminemment arriéré, et par conséquent de mettre toujours et sans cesse à nu les erreurs tant nouvelles qu'anciennes qui nuisent à cet avancement. Mais elles font pressentir aussi qu'il ne dépendra pas de nous que le respect et la bienveillance pour les personnes et leurs intentions n'adoucissent, autant que cela est possible, cette tâche. Sans doute, un rôle qui exige que l'on soit constamment sur la brèche ne permet pas de tendre la main à tout le monde, mais il n'empêche pas d'être bien disposé et poli, et surtout il ne fait pas la loi de frapper toujours.

Ce travail sera divisé en quatre chapitres, sous les titres suivants :

1.º Historique ; 2.º Situation ; 3.º Raisons d'être ; 4.º Résumé et Conclusions.

CHAPITRE I.ᵉʳ

HISTORIQUE.

Cet Historique sera partagé en trois sections, sous les titres suivants : 1.º Côté matériel ;
2 º Côté moral ; 3.º Coup-d'œil général sur le passé et le présent de l'Art.

SOMMAIRE.

1.ʳᵉ Section. — Notions sur les débuts, les premiers pas de l'art. — Dédain et
mépris que l'on avait pour lui. — Tendances anglaises ; institutions de cette nation fortement prônées, et bien à tort. — Indécision des opinions ; idées principales émises par les hommes éminents ; erreur de ces idées. — Répandages
généraux, inexactitude et ignorance des cantonniers, ornières en face de matériaux ; symptômes de l'état arriéré. — Création du service d'expériences ; opinion
de l'administration sur ses résultats.

2.ᵐᵉ Section. — Indispositions éveillées par cette création. Causes de ces indispositions. — Critiques d'un savant éminent ; réfutation ; idées, principes de ce
savant. — Expériences et théorie de MM. Emmery et Morin.

3.ᵐᵉ Section. — Tableau des principaux faits par lesquels s'est manifestée ou se
manifeste encore l'enfance de l'art. — Erreurs et vérités. — Découverte et mise
en lumière de la plupart de ces erreurs et vérités, dues au chef du service
d'expériences.

1.ʳᵉ SECTION.

CÔTÉ MATÉRIEL.

§ 6. — Il est nécessaire, tant pour la clarté du récit
que pour l'appréciation exacte de la création qui en est l'objet, de le faire précéder de renseignements sur l'état des

esprits et des connaissances au moment où cette création a eu lieu (1).

Un ingénieur ancien, fort distingué, M. Trésaguet, avait présenté, vers la fin du siècle dernier, dans un mémoire souvent cité il y a quelques années, un système d'entretien qui avait pour bases : 1.° l'exécution par voie d'entreprise, non seulement de la fourniture des matériaux, mais encore de la main-d'œuvre ; 2.° le mode des réparations journalières (2). Et ces bases avaient reçu, ainsi du reste que le mémoire presque entier, l'approbation la plus formelle du conseil général des ponts-et-chaussées. (Voir le 5.ᵐᵉ cahier des Annales des ponts-et-chaussées de 1831.)

Le décret du 16 décembre 1811 avait adopté, ou à-peu-près, les mêmes bases, avec cette différence que nul, à l'exception des maîtres de poste, ne pouvait être en même temps adjudicataire de la main-d'œuvre et des fournitures de matériaux.

Ce n'est qu'en 1816, et sous la direction de M. le comte Molé, que fut créée l'institution des cantonniers stationnaires (3), (voir la circulaire du 11 juin 1816). Mais, de ce moment, le mode d'entretien eut pour règles : 1.° comme

(1) Les personnes qui trouveraient ces notions insuffisantes, pourront consulter nos autres écrits, et entre autres nos trois notes sur le roulage et les routes d'Angleterre et de France.

(2) D'après les explications contenues dans ce mémoire, les routes de cet ingénieur devaient être à peine aussi fatiguées que le sont aujourd'hui les chemins vicinaux, car il n'employait pour leur entretien qu'un mètre cube de pierres pour quatre-vingts mètres courants (12 m. 50 par kilomètre), et ses cantonniers (ces ouvriers étaient les hommes de l'entrepreneur de la main-d'œuvre) avaient des stations fort longues, et qui pouvaient atteindre chacune jusqu'à quatre lieues et plus. (Voir notre mémoire de 1833, page 34.)

(3) Cependant une instruction à MM. les auditeurs, datée du 27 juin 1810, annonce qu'à cette époque, déjà, *quelques départements* se servaient de cantonniers stationnaires.

aujourd'hui , la fourniture des matériaux par adjudication ; 2.º comme aujourd'hui aussi , l'exécution de la main-d'œuvre au moyen de cantonniers stationnaires, aidés à certaines époques par des ouvriers auxiliaires ; 3.º comme il y a peu d'années encore , l'emploi des matériaux , en théorie , par la méthode des réparations journalières ; en pratique , par celle des répandages généraux.

Du reste, les questions d'entretien de route et de roulage n'étaient l'objet d'aucune controverse. Aucun journal , aucune revue ne s'en occupait. Les ingénieurs n'avaient pas de moyens d'échanger leurs idées , et puis ils traitaient dédaigneusement de *pousse-cailloux* ceux des leurs qui étaient chargés de cet entretien. Ceux-ci , de leur côté , considéraient cette tâche comme ingrate , stérile, sans avenir, et ne se doutaient pas, ou ne paraissaient pas se douter que ce fût un diamant dans sa gangue. Rien ne conviait à croire que ces questions , les premières du moins, valussent la peine d'études sérieuses.

Après l'établissement de l'institution des cantonniers, le premier fait saillant qui eut lieu, fut la publication d'une remarquable statistique ; elle parut en 1824 ; vint ensuite la formation de la commission si distinguée de 1828 à 1829. Ce fut aussi à cette époque qu'apparut le journal le *Génie civil*.

Déjà il s'était manifesté, surtout dans les hautes classes de la société , des tendances anglaises très-prononcées , et le système de M.ᶜ Adam , malgré l'étrange théorie qui l'accompagnait , cherchait à s'infiltrer (1). Un assez bon nombre d'esprits plus ou moins éminents , lui attribuaient des vertus admirables. Des publicistes de premier ordre , tels que M. Charles

(1) On ne saurait croire combien aujourd'hui encore l'opinion est généralement dans l'erreur au sujet de ce système. En vain les écrits de son au-

Dupin et M. l'ingénieur Cordier, s'exprimaient en termes très-flatteurs et des plus engageants sur celles des institutions de ce pays qui régissaient les travaux publics, et notamment sur la liberté, l'omnipotence des communes (1). Aussi fut-il alors souvent question d'enlever, en tout ou en partie, l'entretien des routes à l'administration des ponts-et-chaussées, d'en charger des compagnies, d'en faire l'objet d'abonnements avec les départements. Il se remua à ce moment un assez bon nombre d'idées, mais on était d'autant plus embarrassé qu'en Angleterre même il s'en fallait de beaucoup que l'on fût d'accord, et aujourd'hui encore on est loin de l'être. Ainsi, pendant que presque toutes les communes se montraient favorables au système de M.c Adam, presque tous les ingénieurs y étaient contraires, et les règles publiées par le parlement l'étaient également et ont continué de l'être; ainsi, en ce qui touche le mode d'emploi de la main-d'œuvre, bon nombre d'ingénieurs et de surveyors se servaient d'ateliers ambulants, tandis que ces règles conseillaient de recourir au procédé de la tâche.

Il était impossible, dans cet état des opinions, qu'une si grande diversité n'eût pas d'écho en France. Aussi, non seulement ceux qui prirent une large part aux discus-

leur font foi que ce n'est qu'une méthode de construction, méthode qui d'ailleurs est loin de ne mériter que des éloges; sur dix personnes qui en parlent, il y en a neuf qui supposent que les routes de France, dont la grande majorité n'en a eu que faire, puisqu'elles étaient construites quand il a paru, lui ont des obligations, et qui mieux est, de grandes obligations.

(1) Nous avons dû, dans nos trois opuscules sur le roulage et les routes d'Angleterre et de France, émettre une opinion diamétralement opposée, et faire voir, d'abord, que l'administration de ces voies est, depuis nombre d'années, dans un état déplorable, si déplorable qu'elle soulève l'animadversion du pays, et excite sans cesse dans les chambres législatives des témoignages de réprobation, ensuite, que c'est précisément à cette liberté, à cette omnipotence que cet état est surtout dû.

sions essentiellement techniques, et qui furent peu nombreux, mais encore ceux qui en prirent une faible, furent-ils divisés. Les ingénieurs n'étaient à-peu-près d'accord que sur un point, la nécessité du système de la réglementation des charges (1).

Bref, quelques idées eurent un grand retentissement; et, bien que nous les ayons rappelées dans plusieurs de nos ouvrages, nous ne saurions les omettre ici. La plus remarquable, surtout en ce qu'elle jeta dans les chambres, dans le public et dans le corps, une terreur panique, était due à un des ingénieurs le plus en crédit, et à bon droit. Elle consiste dans l'exposé d'une expérience de laquelle il résultait, d'après ses calculs, qu'une seule voiture, lourdement chargée, pouvait, en un jour, causer à une route un dommage de cinq cents francs (2).

Une autre idée, qui fut également très-bien accueillie, et qui, partagée par ceux des ingénieurs qui s'occupaient de la matière, fut mise en avant par une autre notabilité de premier ordre, est celle qui, s'appuyant sur des expériences dues à MM. de Peyronnet, Gauthey et Rondelet, en concluait que l'on ne devait tolérer, par roue, qu'un poids inférieur à douze cents kilogrammes (3). Le conseil général

(1) On a depuis, et nous tout le premier, reproché bien des fois à l'administration sa persévérance dans ce système ; mais, en présence de cette unanimité, il était difficile qu'il en fût autrement. Aujourd'hui même, que la grande majorité des ingénieurs persiste encore dans sa croyance, n'est-il pas rationnel qu'elle soit de leur avis ?

(2) Il faut, pour comprendre l'émoi que causa partout, il y a seize ans, cet exposé, en avoir été témoin. Mais il en reste des traces non équivoques dans divers écrits et entre autres dans les rapports de la commission dont nous venons de parler, ainsi que dans le journal *le Génie civil.*

(3) Comme il n'était pas rare que des voitures donnassent lieu à des charges doubles de ce poids, que certaines même en offrissent de triples, on conçoit quelle perturbation eût été apportée dans l'industrie, si, comme le voulaient tant de personnes, cette limite eût été introduite dans une loi.

des ponts-et-chaussées avait adopté , pour poids maximum d'été , quinze cents kilogrammes.

Ces deux idées faisaient leur chemin sans que personne les combattît, lorsque , dans le mois de mai 1829 , l'auteur de cette brochure fit paraître un écrit (suite à la Notice sur les grandes routes et les chemins vicinaux) où il en démontra l'erreur , et la rendit si frappante , qu'elles furent aussitôt abandonnées.

Une autre idée était , nous ne parlons toujours , comme bien on pense , que de celles publiées par des hommes supérieurs , que les voitures à quatre chevaux dégradent peutêtre dix fois plus les routes que celles à deux chevaux.

Une autre, due à un des ingénieurs qui , surtout comme savant , a fait le plus d'honneur à la France , accusait les accotements d'être un obstacle *insurmontable* au perfectionnement des routes. Elle était partagée par beaucoup d'ingénieurs , et l'est encore par un certain nombre.

Une autre, que l'institution des cantonniers était mauvaise. C'était une sœur des pratiques anglaises.

Il était du reste presque universellement admis que les chaussées pavées étaient fort supérieures à celles en empierrement (1).

---

(1) Cette opinion vient d'être reproduite dans un mémoire très-intéressant , publié par les Annales des ponts-et-chaussées (voir le 6.me cahier de 1844). Mais , comme les faits et les arguments à l'aide desquels nous en avons prouvé l'erreur , n'en subsistent pas moins , que d'ailleurs l'auteur de ce mémoire ne les a pas discutés , ne s'en est pas même occupé, et s'est sur ce point borné, ou à-peu-près , à une affirmation , nous croirions superflu de la combattre de nouveau.

Nous n'en faisons pas moins des vœux sincères pour le succès complet du procédé de pavage conseillé dans ce travail. Ce succès , auquel nous sommes porté à croire , surtout depuis que nous avons visité et examiné, tant à pied qu'en voiture, les exemples cités par l'auteur , serait pour cette espèce de voie un grand perfectionnement. Or , si nous ne nous

Les discussions roulaient en outre sur la nécessité de supprimer les fondations des chaussées, sur la grande importance de la pureté des matériaux, sur celle de la finesse du cassage, de son égalité, sur l'imperméabilité des chaussées, sur leur élasticité, etc.

Ajoutons qu'en fait de pratique, la méthode des répandages généraux était partout la règle (1); que, dans les chambres législatives, on se plaignait sans cesse, et sans que l'administration crût pouvoir les contester, de l'extrême inexactitude des cantonniers, de l'existence d'ornières plus ou moins profondes et nombreuses, de trous même, en présence de provisions abondantes de matériaux attenda nt ou n'attendant pas la réception.

Les travaux de la grande commission n'avaient abouti qu'à l'institution des conseils locaux, c'est-à-dire au *mons parturiens*. Beaucoup de talent, d'esprit, d'études, de recherches, y avait été dépensé; mais on n'était pas plus avancé. Tous les ingénieurs, ceux-mêmes qui s'étaient à peine occupés, surtout pratiquement, de questions de route et de roulage, se croyaient aptes à les traiter; bien mieux, il en était ainsi de beaucoup de personnes étrangères à leur corps et à ces questions. En deux mots, les symptômes qui caractérisent les connaissances profondément arriérées, continuaient à se manifester. Et cela se conçoit, puisque aujourd'hui même, c'est-à-dire une douzaine d'années plus tard, les praticiens les plus exercés conviennent que l'art de l'entretien ne fait que de naître.

trompons, elle est à jamais celle qui convient aux rues, et, dans quelques cas rares, aux routes.

(1) Il en était de même en Angleterre, et Mac-Adam, qui la suivait, la citait en plein parlement comme une règle de l'art moderne.

Et l'on vient dire aujourd'hui aux ingénieurs français que, si leurs routes se sont améliorées, c'est au système de cet auteur qu'ils le doivent !

Nous arrivons à la création du service d'expériences.

§ 7. — Un ingénieur, qui était parvenu à rétablir et à maintenir constamment en bon état une route réputée inentretenable, c'est le même qui avait fait voir l'erreur des opinions citées plus haut, venait de publier un mémoire où le fait était exposé (voir notre brochure de 1833), et il s'était rendu à Paris pour solliciter du chef de l'administration qu'on lui fournît l'occasion d'expérimenter sur une grande échelle et sur les routes les plus mauvaises, quelque part que ce fût, l'ensemble de moyens, le système qui lui avait si bien réussi. Ce chef crut devoir consulter le conseil général des ponts-et-chaussées, et lui envoya à cet effet le mémoire précité, mémoire dont l'auteur avait du reste offert un exemplaire à tous ses membres. Une commission de trois d'entre eux, c'étaient les plus spéciaux dans la matière, fut nommée par ce conseil, pour examiner la proposition et en faire l'objet d'un rapport (1). Cette commission l'accueillit à l'unanimité, ainsi que l'idée présentée par l'auteur, que le champ d'essai traversât plusieurs départements, vu que c'était la seule manière de placer le système dans des conditions où son épreuve fût soumise au plus de chances possible. Mais le conseil général, tout en adoptant, à l'unanimité aussi, l'idée d'un essai sur une grande échelle, fut d'avis qu'un département entier était préférable à une seule ligne. Le directeur général ayant jugé, comme les trois commissaires, que l'expérience ne serait concluante que si elle avait, du nord au midi, une étendue plus ou moins considérable, décida qu'elle aurait lieu sur la route royale de 1.re classe qui traverse les départements de la Côte-d'Or,

(1) C'étaient MM. Fèvre, Devilliers et Vauvilliers, tous trois aujourd'hui inspecteurs généraux.

de Saône-et-Loire et du Rhône, et qu'elle comprendrait une route qui était réputée la plus mauvaise de France, celle de Lyon à Rive-de-Gier.

Avant d'aller plus loin, faisons remarquer que le mémoire dont il vient d'être parlé, se prononçant très-fortement pour l'affranchissement du roulage, affranchissement dont l'idée était éminemment antipathique au conseil, il fallait pour que cette assemblée se fût montrée unanimement favorable à la demande de l'auteur, d'une part, que sa bienveillance et son indulgence fussent au-dessus de cette manifestation, de l'autre, qu'elle sentît bien toute l'utilité, toute l'importance d'expérimentations (1).

§ 8. — Pendant près de quatre ans, c'est-à-dire jusqu'au commencement de 1837, le service d'expériences ne traversa que les trois départements dont il vient d'être parlé. Durant cet intervalle, il est vrai, l'inspecteur qui avait dans ses attributions presque toute la route de Lyon à Marseille, ayant visité ce service et étudié sa tenue, avait demandé que cette communication y fût annexée. Mais, soit que l'administration fût mécontente des publications de son chef, publications où, entre autres preuves d'une grande franchise, il attaquait vivement les projets de loi sur le roulage, soit qu'elle ne crût pas le moment encore venu, cette ouverture n'avait pas été accueillie.

Vint alors une circonstance qui décida l'annexion.

L'état affreux de cette voie ayant donné lieu à d'augustes voyageurs d'en porter plainte au chef de l'état, celui-ci, dans une allocution solennelle du jour de l'an, adressée à la tête du corps, crut devoir y faire une allusion peu

----

(1) Deux ingénieurs célèbres, MM. de Prony et Tarbé, étaient déjà convenus bien des fois que l'on manquait de faits bien constatés.

louangeuse. Ceux à qui elle était destinée en éprouvèrent, on le devine, une impression des plus pénibles.

Chargé de visiter cette route et de donner son avis sur le parti qu'il y avait à prendre, le directeur du service précité exprima l'opinion, déjà émise par lui en thèse générale dans un de ses écrits, qu'il convenait que l'on s'adréssàt à ceux des ingénieurs anglais qui avaient l'habitude de ces sortes de travaux et y avaient fait leurs preuves. Mais voici ce qui lui fut répondu :

« .... Je ne vois pas, Monsieur, pourquoi l'administra-
» tion aurait recours à des ingénieurs étrangers lorsqu'elle
» peut faire appel à des ingénieurs dont les talents et le zèle
» ne lui ont jamais fait défaut, et dans cette circonstance,
» Monsieur, c'est sur votre spécialité que j'ai compté.... »

Trouvant la tâche trop rude et au-dessus de ses forces, car il faut avoir vu cette voie dans l'état où elle était, et avoir été témoin de la manière dont elle était traitée, pour s'en faire une idée, sachant d'ailleurs, par expérience, tout ce qu'ont de pénible de telles missions, et l'indisposition, l'éloignement même parfois qu'elles inspirent à bien des confrères, il remercia. Mais, pressé par l'administration qui lui déclarait qu'elle considérait celle-là comme un grand service à rendre au pays, comme une œuvre de dévouement, il accepta.

§ 9. — En est-il résulté un mal, en est-il résulté un bien pour le but primitif que s'était proposé l'administration, celui d'expérimenter le système d'entretien de cet ingénieur ?

Plusieurs enquêtes privées, on ne peut plus satisfaisantes, ont prouvé que cette voie avait subi une métamorphose, et cela à un tel point, que les populations qui, auparavant, y demandaient, et avec instance, le convertissement des empierrements en pavages, réclamaient dès les premières années, et ont continué à réclamer depuis une mesure inverse. Il y a eu là, certes, matière à enseignements et à instructions sous bien des rapports ; mais, comme en pareille circonstance l'opinion de l'administration a bien plus de poids et de valeur, faisons-la connaître. Près de trois ans après l'annexion, voici ce qu'elle écrivait à son agent :

« . . . .

» J'ai lu, Monsieur, les détails dans lesquels vous entrez
» à cet égard avec le plus vif intérêt, et je vous remercie
» beaucoup de me les avoir adressés. Je vous invite d'ailleurs
» à ne pas vous décourager, et à poursuivre la tâche utile
» et laborieuse que vous avez entreprise avec tant de suc
» cès. J'ai pu vérifier moi-même une partie de ce succès....
» En toute circonstance je me ferai un devoir et un plaisir
» de signaler les services que vous avez rendus à l'état par
» vos études persévérantes et les heureuses applications
» que vous avez faites de votre système. »

Et encore un an et demi plus tard, c'est-à-dire plus de huit ans après la création du service d'expériences :

« .... Je ne puis que vous féliciter d'ailleurs, Mon
» sieur, de la persévérante énergie avec laquelle vous avan
» cez dans la voie que vous vous êtes tracée. Les routes de
» terre seront toujours chez nous la partie la plus impor
» tante de notre système de communications intérieures. En
» vous dévouant, comme vous l'avez fait, à la recherche et
» à la propagation des meilleures méthodes d'entretien des
» routes, vous vous êtes acquis des titres à la reconnais
» sance du pays : la mienne du moins ne vous manquera
» pas. »

Ajoutons bien vite que, dans toutes ces circonstances, ce

langage de l'administration était d'autant plus loyal et dé-
sintéressé que le subordonné à qui elle le tenait n'avait décessé, comme auteur, de signaler à l'attention publique,
avec une franchise entière, et parfois même un peu rude, ce
qu'il voyait ou croyait voir d'erroné dans ses vues; que particulièrement, en ce qui touche la réglementation du roulage,
il avait mis dans ses attaques une persévérance et une viva-
cité qui lui avaient déplu à un haut degré.

Depuis cette époque, qu'est devenue la tâche première?
C'est ce que l'on verra dans les chapitres suivants; mais ici,
déjà, nous pouvons dire qu'elle s'est agrandie, d'abord, de
tout l'intervalle qu'il y a entre un doute et une réalité, ensuite, de tout un système de recherches auxquelles on doit
la mise en lumière d'un assez bon nombre de questions importantes, parmi lesquelles il ne faut pas oublier celles relatives à l'état, tant de la viabilité que de la science, de
l'art et de la législation qui la concernent, chez le peuple où
il était le plus utile de l'étudier (1).

§ 10. — Jusqu'ici nous n'avons rien dit des errements
qui étaient suivis sur les routes du service d'expériences,
quand elles ont commencé à y être affectées. On en conçoit
la raison. Toutefois, nous ne saurions nous dispenser d'en
toucher quelques mots.

On a vu plus haut que, par suite de l'état profondément
arriéré de l'art de l'entretien, la règle générale suivie sur
les routes de France, et elle avait fort peu d'exceptions,
si même elle en avait, pouvait se traduire en ce peu de
mots : *Répandages généraux, grande insuffisance de la surveillance, manque complet de spécialité* ; d'où résultait, chez

(1) Il est résulté de ces études que l'on avait en France les notions les
plus inexactes sur l'ensemble de cet état, et surtout sur le mérite des institutions et des règles qui l'ont créé.

les cantonniers, une inexactitude telle, qu'elle excitait des plaintes universelles, et, dans toute la main-d'œuvre, une ignorance profonde de ce qu'elle devait faire, ignorance qui, pour ne pas être aperçue, n'en était pas moins déplorable.

Or nous devons dire, parce que c'est la vérité, qu'aucun des points de ce service ne faisait exception à la règle; qu'il y en avait même un certain nombre où elle était outrée à un haut degré.

Sur sa plus grande étendue, on ne croyait pas qu'il fût possible d'éviter les répandages généraux. En vain affirmions-nous à nos confrères que rien n'était plus aisé, et que notre expérience à cet égard était trop positive pour que nos affirmations ne dûssent pas leur faire entrevoir qu'ils pouvaient être dans l'erreur; nous ne faisions naître en eux que le sourire de l'incrédulité. Ils nous auraient dit volontiers, comme l'ingénieur dont nous avons cité l'opinion dans notre 3.me Note sur le roulage et les routes d'Angleterre et de France, page 53. « *Proscrire ces répandages, c'est dire* » *qu'on ne veut pas que les routes soient bonnes* (1). »

Loin de nous la pensée, en nous exprimant ainsi, de déprécier les ingénieurs et leurs agents! Si, à l'époque où nous-même procédions d'après cette méthode, car l'idée d'y renoncer ne nous est venue qu'à la longue, on fût venu nous dire qu'elle était défectueuse et qu'il en fallait essayer une autre, il est fort possible, bien que par goût nous soyons

---

(1) Il n'est pas hors de propos de rappeler que l'usage de ces répandages est encore si fortement enraciné sur nombre de points, que chaque année ils coûtent à l'administration des postes, pour indemnités à ses relayeurs, deux millions. (Voir notre brochure intitulée : *Première Note sur le roulage et les routes d'Angleterre et de France, page* 30.)

Nous en avons vu récemment qui avaient six à huit cents mètres de longueur, et un de nos inspecteurs généraux nous a déclaré en avoir suivi, il y a peu de mois, de plus considérables encore.

peu porté à repousser les essais, que nous ne nous fussions pas montré de plus facile composition. Mais, quand on fait un historique, c'est un devoir, plus encore que pour tout autre travail, de ne rien taire de ce qui peut contribuer à sa fidélité.

2.me SECTION.

CÔTÉ MORAL.

§ 11. — On pressent trop bien, même avant que nous en parlions, les causes d'indispositions qu'avait dû faire naître la création du service d'expériences, pour ne pas deviner qu'il a donné lieu à de nombreux frottements et à des attaques, tant ouvertes que sourdes, de plus d'un genre.

Une partie de nos confrères, et nous leur en sommes reconnaissant, n'y a pas participé ; une autre, et nous leur en faisons nos remercîments, ne l'a fait que faiblement, ou peu de temps ; enfin, certains se sont montrés plus sévères ; nous le regrettons, mais sans leur en conserver le moindre ressentiment : les opinions, les sympathies ne se commandent pas ; il faut être bien intolérant pour en vouloir aux gens de ce qu'ils émettent des idées différentes des nôtres.

Quelques explications, maintenant, sont nécessaires pour bien faire apprécier ce qui a pu donner lieu aux manifestations qui ont amené la publication de cet opuscule, manifestations dont nous aurons à parler dans le chapitre suivant.

Il y a douze ans, et à bien plus forte raison à une époque plus ancienne, il était reçu que tous les ingénieurs, même ceux qui ne s'étaient jamais occupés de l'entretien des routes, bien mieux, jusqu'aux plus novices, savaient tout ce qu'il faut savoir pour être en état de bien conduire cet entretien. La longue expérience dont on reconnaissait la nécessité pour les travaux d'art était pour lui complètement inutile; la science infuse en tenait lieu. Les cours de l'école des ponts-et-chaussées n'avaient pas même quelques paroles à son adresse. Aujourd'hui, ceux qui ont le mieux et le plus étudié l'art qui en est l'objet, conviennent, avons-nous dit, qu'il ne fait que de naître ; ce qui veut dire apparemment que, tous les premiers, ils seraient fort embarrassés de prononcer dans une foule de questions et de circonstances. Mais alors il n'en était pas ainsi. Rien donc d'étonnant à ce qu'une création qui admettait la possibilité qu'un simple ingénieur ordinaire eût acquis sur cette matière des notions et une expérience que ne possédaient pas ses confrères, même ceux plus avancés en grade, ait pu en désobliger plusieurs, au moins momentanément. Vainement ses écrits et ses succès attestaient qu'il en avait fait une étude inusitée, cet effet était inévitable, et il n'avait certainement pas échappé à la haute prévoyance de l'administration. Il eut donc lieu. Mais il ne tarda pas à s'affaiblir, et, comme on le verra dans le chapitre II, sur un seul point, à peu de chose près, il est toujours resté à cet égard ce qu'il avait été dès le début, tout-à-fait contraire.

Par suite des mutations et des avancements, le personnel s'est généralement renouvelé le long de toute la ligne, et il était par conséquent permis d'espérer que les nouveaux arrivants, trouvant l'ordre de choses établi, seraient d'autant moins disposés à tenter de le saper que l'administration montrait plus de persévérance à le maintenir. C'est en effet ce qui a eu lieu, à quelques exceptions près ; dont encore les auteurs ont trouvé plus commode de ne pas se mettre en avant et de faire agir des tiers.

Mais d'où viennent ces exceptions, car nombre de fleuves et de rivières étant devenus ou devenant journellement l'objet de services spéciaux, sans que les mêmes symptômes se manifestent, on ne comprend pas pourquoi certaines routes ne seraient pas dans le même cas ? le voici :

D'abord, il est toujours fort commun de rencontrer des personnes qui, sans considérer tout-à-fait l'entretien comme un métier de pousse-cailloux, s'y croient cependant très-entendues sans l'avoir beaucoup étudié et pratiqué, sans même souvent en avoir eu l'occasion, au moins dans des circonstances plus ou moins difficiles (1). Ensuite, il n'est pas naturel de voir avec plaisir son service traversé par un autre dont le chef, consacré uniquement à un ordre de recherches que soi-même on a beaucoup moins cultivé, et dont on est d'ailleurs souvent distrait par d'autres occupations, ne peut manquer d'y avoir une incontestable supériorité. Enfin, parmi ceux qui ont servi sous ce chef et ont acquis sous lui quelque expérience, il peut y en avoir qui ne seraient pas fâchés d'être débarrassés de sa tutelle, d'avoir plus de liberté et de latitude, de jouir de tout le bénéfice de cette expérience sans avoir l'inconvénient de rencontrer dans sa spécialité, sinon un frein, au moins un modérateur et un guide.

(1) Il en est de cet art ce qu'il en est de celui de la médecine. Combien n'y a-t-il pas de praticiens de petites villes, même de campagne, qui, forts des bonnes études qu'ils ont faites, sont portés à se croire aussi habiles que les plus experts des grandes cités ! Ajoutons d'ailleurs que le premier de ces arts ne faisant que de naître, n'a été encore étudié assidument surtout, et long-temps, que par un très-petit nombre d'ingénieurs.

Parmi les natures diverses sur lesquelles ce guide a eu à agir, toutes ou presque toutes ont attaché du prix à s'exercer sous un praticien qui avait fait ses preuves, mais certaines se sont crues spéciales au bout de peu de temps, tandis que d'autres ont pensé qu'il fallait des années, et, en le voyant avouer lui-même qu'il était encore bien faible, se sont montrées fort réservées.

Les premières tranchaient avec assurance et autorité sur des procédés, méthodes, expédients, qui n'avaient été adoptés par lui qu'à la suite de longues investigations ; elles disaient sans hésiter : Ceci est bien, ceci est mal, voilà qui est bon, voilà qui est mauvais..... Les secondes se taisaient, exécutaient et observaient. Entre ces deux types se sont trouvés un certain nombre d'intermédiaires.

On nous comprendra donc sans peine quand nous dirons que, si la main qui tient les rênes de ce service en avait été retirée, l'entretien y eût bien vite perdu l'unité et les bons principes qui en font la force. On nous comprendra encore mieux quand on saura que nous avons vu commettre, sur des routes de nos collaborateurs étrangères à ce service, les fautes les plus graves, et jusqu'à d'immenses répandages généraux, que rien ne justifiait, si tant est, ce que nous ne croyons pas, que jamais il y en ait de justifiables.

Si à l'aperçu que nous venons de donner nous ajoutons ce fait, que sur quelques points il est resté des foyers de l'hostilité première, foyers qui, mal éteints, se raniment volontiers quand une occasion favorable se présente ou paraît se présenter, on ne sera pas surpris que, soit à l'administration, soit ailleurs, cet établissement rencontre encore de temps à autre des détracteurs. Et l'on ne le sera pas davantage que, malgré la franchise avec laquelle celui qui le dirige les a, dans ses écrits, interpellés de l'attaquer ouvertement, ils aient fait la sourde oreille.

Au travers de toutes ces petites agitations dont, à dessein et dans un but de conciliation, nous supprimons une bonne partie, un fait patent domine et ne leur laisse qu'un peu de bruit; c'est que, d'un bout à l'autre du service, la ponctualité de la main-d'œuvre et son apprentissage du métier toujours croissants, l'exactitude de la surveillance et les progrès de sa spécialité, l'unité de système, de principes, de procédés, les études, les expérimentations, ont remplacé la méthode de ne pas entretenir, et, sur nombre de points, succédé au chaos, à l'anarchie.

§ 12.—Pendant ce narré de la création du service et de son développement, nous avons suspendu l'exposition des principaux faits; reprenons-la.

Deux ans à peine s'étaient écoulés depuis l'origine de cette création, qu'un écrit dû à un des hommes qui ont le plus honoré le corps, surtout comme savant, vint jeter sur l'état des routes qui y étaient affectées et sur son chef un discrédit considérable. Cet ouvrage ayant obtenu un grand succès, surtout à la tête du corps, celui-ci ne pouvait se dispenser, ou d'avouer qu'il s'était trompé, ou de prouver que c'était son critique. Ce dernier lui avait fait la partie belle; il en profita. Nous ne venons pas, on le pense bien, remuer un débat éteint; nous continuons le récit des faits capitaux. Or, la manifestation de ce savant, manifestation liée à un travail ordonné par l'administration, l'accueil qu'elle reçut, la confiance qu'elle inspira, en sont un et un fort remarquable. La réfutation qu'elle amena en est un autre qui ne l'est guère moins (1). Ajoutons, car c'en est encore un très-im-

(1) L'entraînement qu'avait produit sur l'opinion la manifestation dont il s'agit, céda promptement à cette réfutation. Aussi n'empêcha-t-il pas

portant, que le premier de ces deux écrits renferme un passage où les idées-principes de l'auteur, en ce qui touche l'entretien, se révèlent comme il suit :

» Dans quelques endroits on néglige de purger entière-
» ment de terre les matériaux que l'on emploie ; et dans les
» lieux mêmes où l'on a aujourd'hui la précaution de n'em-
» ployer que de la pierre pure, cette précaution avait été
» omise pendant long-temps. Il résulte de cette circonstance et
» de la présence des accotements en terre que les chaussées of-
» frent encore généralement un mélange inégal de pierre et de
» terre dans lequel les flaches et les ornières se forment facile-
» ment, et dont la surface n'a point le degré de dureté qui
» pourrait être obtenu et qui rendrait le tirage facile.... Il
» m'a semblé toutefois que la surface des chaussées n'était pas
» encore unie et dure au même degré que la surface de la plus
» part des routes anglaises (1). »

Certes, si l'entretien des routes n'avait eu, pour sortir des langes, que des dires de ce genre, il y serait encore.

§ 13. — Un des faits les plus saillants après ceux-ci, est l'accroissement considérable que reçut, un an après cette controverse, le service d'expériences, et les circonstances dans lesquelles il eut lieu. Il fut une preuve singulièrement frappante de la justesse de vues et du désintéressement d'idées de l'administration.

Après lui, vinrent les travaux de MM. Morin et Emmery. Ces travaux, ordonnés et encouragés par cette admi-

l'administration, qui pourtant l'avait éprouvé à un haut degré, de donner peu après au chef du service un nouveau témoignage de confiance, la mission de rétablir la route de Lyon à Marseille.

(1) Considérations sur les principes de la police du roulage, etc., par M. Navier (1835), — pages 87 et 88.

nistration , ainsi que l'avaient été ceux de **M**. Navier, étaient, comme eux aussi, appelés par un vif besoin de lumières. Les discussions nombreuses et plus ou moins animées auxquelles ils ont donné lieu , ont enfin éclairé assez bien l'opinion pour qu'aujourd'hui, parmi les personnes qui les ont suivies , celles qui n'ont à se préoccuper que de la vérité, penchent toutes ou presque toutes vers le système de l'affranchissement du roulage.

Enfin , le dernier grand fait , déjà quelque peu ancien, qui après celui-ci mérite d'être cité , est l'apparition et la reproduction annuelle de la circulaire du **25** avril **1839** ; circulaire que l'administration a améliorée récemment, et qu'elle améliorera certainement encore avant long-temps ; car, dans l'ensemble des dispositions qu'elle contient, il y a , comme dans toutes celles qui concernent un art profondément arriéré, la part de l'erreur. Nous n'avons pas besoin de rappeler que ses prescriptions les plus importantes ont pour base les principes fondamentaux qui étaient suivis sur le service d'expériences, et exposés dans les ouvrages de l'auteur de cet opuscule.

Parmi les faits nouveaux, un de ceux qui à nos yeux a le plus de portée, est la détermination prise par l'administration , et qu'elle exécute, de se procurer et de publier des documents statistiques bien choisis , bien appropriés à l'état actuel de l'art et de la science. Ces documents offriront des notions d'un haut intérêt , des éléments d'une grande utilité pour l'examen et la solution des problèmes , aussi nombreux qu'importants , dont le développement de cet art et de cette science fait chaque jour sentir l'urgence. Par cette mesure, qu'elle étendra probablement encore, elle s'est déjà placée sensiblement au-dessus de la sollicitude et de la prévoyance anglaises, qui, sous ce rapport, avaient devancé celles françaises.

3.ᵐᵉ SECTION.

COUP-D'OEIL GÉNÉRAL

SUR LE PASSÉ ET LE PRÉSENT DE L'ART.

§ **14.** — Donnons maintenant, comme nous l'avons annoncé au § 2, l'énoncé sommaire des principaux faits par lesquels s'est manifestée ou se manifeste encore l'enfance de l'art.

Cet énoncé, dans lequel ceux de ces faits qui ont déjà été exposés ne seront rappelés qu'en quelques mots, sera partagé en deux tableaux ayant chacun deux colonnes, l'une destinée aux erreurs, l'autre aux vérités; et voici pourquoi cette séparation entre les erreurs et les vérités. Détruire une erreur est bien faire un pas vers la vérité; mais en général ce n'est que démolir, du moins ce n'est pas toujours construire. Et puis, quand ce l'est, il convient le plus souvent de bien préciser ce que l'on met à la place de cette erreur. De plus, découvrir une vérité, c'est fréquemment ne rien détruire, ne faire que construire. Enfin, cette séparation permet d'ajouter à la clarté. Le premier tableau comprendra les faits qui, bien qu'ils aient encore des contradicteurs, nous semblent généralement admis aujourd'hui. Le second renfermera ceux que nous croyons contestés encore par le plus grand nombre, mais qui à nos yeux n'en sont pas moins réels.

ERREURS ET VÉRITÉS

GÉNÉRALEMENT RECONNUES AUJOURD'HUI.

ERREURS.

1.º Il y a trente et quelques années, l'art· d'entretenir les routes commettait entre autres erreurs celle de faire exécuter la main-d'œuvre par voie d'entreprise.

2.º Pendant long-temps on a cru que l'entretien des routes était une tâche des plus aisées; on ignorait qu'il reposât sur la solution d'un bon nombre de problèmes plus ou moins difficiles à résoudre. Les ingénieurs ne publiaient rien à son sujet; ils ne discutaient pas entre eux, et la presse ne venait pas leur en donner la facilité. Ils professaient un profond dédain pour cet art, et appelaient *pousse-cailloux* ceux des leurs dont il formait l'occupation principale. Cela se conçoit : hommes de science avant tout, par suite de leur passé, comment auraient-ils pu accorder quelque valeur à un genre de travail qui paraissait

VÉRITÉS.

1.º La supériorité du mode d'entreprise pour la fourniture des matériaux est une vérité reconnue depuis long-temps, depuis plus d'une cinquantaine d'années. Le principe des réparations journalières était adopté, dans un mémoire offert depuis le même temps aux ingénieurs, comme un bon guide. Cependant, l'adoption de l'institution des cantonniers en date que de 1816.

2.º Il est bien reconnu maintenant que cet art ne fait que de naître, que, même aujourd'hui, il attend encore sur nombre de points la solution de questions plus ou moins délicates; que le choc des opinions, la controverse, ont été et sont un des meilleurs moyens de le faire avancer; qu'un ou plusieurs organes de publicité, et des écrits individuels, répandus le plus possible, ne sauraient manquer de contribuer à ce résultat.

La publication de la statistique de 1824, la création et les discussions de la célèbre commission de 1829, l'apparition du journal le *Génie civil*, celle de quelques brochures

ERREURS.	VÉRITÉS,

si opposé à la science? Quand est venue l'époque des discussions, la majeure partie de ceux qui y ont pris part en avaient à peine des notions; presque aucun ne s'était enquis, même accidentellement, passagèrement, des expérimentations, des observations qui auraient pu les leur fournir. Ils prétendaient que l'art était connu et que chacun l'appliquait dans son service. Nul critérium ne permettait de faire une distinction entre la profonde ignorance et le savoir. En deux mots, tous les caractères de l'enfance, tous les symptômes de l'erreur se manifestaient avec une rare évidence.

3.º On avait cru, par suite d'une communication due à un inspecteur éminent, et l'opinion publique, celle surtout des chambres législatives, celle du corps des ponts-et-chaussées, s'en était vivement alarmée, en avait même éprouvé une terreur panique, qu'une seule voiture fortement chargée pouvait causer à une route, en un seul jour, un dommage de cinq cents francs.

4.º On avait conclu, d'expériences faites par MM. de Peyronnet, Gauthey et Rondelet, sur l'écrasage des pierres, que l'on ne devait pas tolérer, par roue, des charges de plus de douze cents kilogrammes. Le conseil général des ponts-et-chaussées était allé jusqu'à quinze cents, mais pour le poids maximum d'été.

particulières, et enfin des Annales des ponts-et-chaussées, sont venues mettre un terme au silence de l'ignorance. Plus tard les brochures particulières se sont multipliées, et ont répandu, sur une foule de points, beaucoup de lumière. Aussi a-t-on commencé à comprendre que les questions d'entretien de routes et de roulage sont susceptibles de recherches et d'applications d'analyse tout-à-fait dignes d'intérêt. Mais, pour que l'on puisse se livrer, comme il convient, à ces recherches, il faut d'abord extirper bien des préjugés, nombre d'erreurs.

3.º L'inexactitude de l'appréciation ci-contre a été démontrée par l'auteur de cet opuscule dans une brochure publiée il y a seize ans.

Il faudrait des circonstances tout-à-fait extraordinaires pour qu'une voiture, fût-elle à dix chevaux, causât en un jour à une chaussée une usure de trois francs. En général, cette usure est sensiblement au-dessous de dix centimes par collier.

4.º Le même ingénieur a prouvé que la résistance des chaussées suffisamment dotées et bien tenues est supérieure de beaucoup aux plus lourdes charges qui circulent, même sur les routes où le roulage est parfaitement libre. Cette vérité ayant encore beaucoup plus d'opposants que de partisans, nous ne la préciserons davantage que quand nous parlerons

ERREURS.

VÉRITÉS.

des vérités de cet ordre. Cependant nous pouvons déjà dire qu'aujourd'hui il est généralement reconnu que même la limite de deux mille kilogrammes par roue serait trop faible.

Il fit voir, du reste, à la même époque, que l'évaluation par roue était éminemment défectueuse, qu'il fallait prendre une unité déterminée, celle d'une zone d'un centimètre. L'administration accueillit peu de temps après cette manière de voir.

5.º Dans toutes les discussions sur les routes et le roulage, les chaussées étaient envisagées comme formées de matériaux fraîchement répandus et plus ou moins isolés. On semblait ne pas se douter qu'elles devaient l'être surtout, comme un ensemble plus ou moins bien enchevêtré et uni. Aussi, considérait-on la dureté de la pierre comme un objet capital pour toutes les routes, même pour celles à peine fatiguées.

5.º En maintes circonstances, et entre autres à l'occasion de l'expérience des 500 f. de dommage, cet ingénieur a prouvé que le premier élément de la solidité des chaussées est celui qui fait la solidité du faisceau, l'union ; que même, sur la grande majorité des routes, on peut, par suite de la faiblesse du roulage, se contenter souvent de pierres peu dures.

6.º Les hommes les plus éminents, même dans le corps des ponts-et-chaussées, accusaient les accotements d'être la cause du mauvais état des routes. Certains, et entre autres M. Navier, leur reprochaient d'être un obstacle *insurmontable* à une bonne viabilité.

6.º Il a démontré que des routes très-fatiguées peuvent être maintenues excellentes en tout temps, malgré les accotements. Il a fait plus, il a fait voir que, bien loin d'être nuisibles, ces accotements sont, quand on sait en tirer parti, fort utiles ; que bien des fois même ils résistent aux plus lourdes voitures qu'emploie l'industrie.

7.º Nombre de personnes, et même d'anciens praticiens, étaient d'avis qu'en France

7.º Il a mis hors de doute, d'une manière analogue, que des chaussées de cinq mètres

ERREURS.

la largeur des chaussées était trop faible pour que les routes fatiguées pussent résister au roulage.

8.º Un bien plus grand nombre encore, à la tête desquels on doit mettre le conseil général des ponts-et-chaussées, pensaient que pour avoir de bonnes routes, c'était une condition de rigueur que de tenir à la pureté des matériaux, et de les débarrasser de leurs parties terreuses et sableuses, même des éclats.

9.º Beaucoup pensaient avec Mac-Adam qu'il ne pouvait y avoir de bons enpierrements que par l'imperméabilité des chaussées, que par la mise du sol à l'abri de l'humidité.

10.º On se préoccupait essentiellement de la construction des chaussées; c'était au système choisi et aux soins apportés dans l'exécution que l'on demandait, avant tout, le bon état des routes. Cette construction était considérée comme le point capital, la condition de rigueur de ce bon état. Aujourd'hui même, en Angleterre, cette opinion est encore celle des deux écoles qui discutent des questions de routes.

VÉRITÉS.

peuvent souvent suffire, et qu'il est rarement nécessaire d'en avoir de plus de six.

8.º Il a fait voir que non seulement on peut obtenir une viabilité excellente sans tenir à la pureté plus qu'on n'avait l'habitude de le faire, mais encore que c'est une économie, et même que des éclats seuls, sans fragments de grosseur ordinaire, pourraient le plus souvent suffire. Il a d'ailleurs prouvé que les parties fines rejetées en suivant le principe de la pureté, sont fort utiles, et que l'excès seul en est nuisible. Il a fait plus, il a montré que la qualité de ces parties varie avec la nature de la pierre et avec les circonstances.

9.º Il a prouvé que l'on peut avoir des chaussées excellentes, bien que laissant filtrer l'eau sur le sol qui les porte, comme aussi que dans la mauvaise saison ce sol est presque toujours humide, au moins dans les parties en déblai, sans qu'il soit pour cela difficile d'y obtenir une viabilité parfaite.

10.º Il a maintenu en fort bon état des chaussées construites de toutes façons, et fait voir que sur la grande majorité des routes, celles peu fatiguées, on peut créer une bonne viabilité par de simples emplois n'exigeant pas des soins extraordinaires; qu'en somme, l'objet essentiel est l'entretien. La question envisagée sous le point de vue économique, n'a pas encore été traitée.

ERREURS.	VÉRITÉS.

11.º On était unanime à préférer les pavages aux empierrements. Mac-Adam avait bien émis une opinion contraire, mais, du moins en France, personne ou presque personne n'en tenait compte; on considérait les premiers comme supérieurs de beaucoup aux seconds.

11.º Il a mis en lumière les avantages et les inconvénients de chaque espèce de voie, la supériorité générale des empierrements en rase campagne, leur infériorité dans les villes, c'est-à-dire l'erreur de l'opinion générale, et l'exagération de celle de Mac-Adam.

(On a vu, page 17, que cette erreur a encore des partisans.)

12.º On pensait généralement qu'il était nécessaire de donner aux chaussées une fondation de grosses pierres. C'avait été l'opinion de M. Trésaguet et de tous ses contemporains et successeurs. C'était, en Angleterre, celle de Telfort et de son école. Mac-Adam est le premier qui ait soutenu que ces fondations étaient non seulement inutiles, mais encore nuisibles. Aujourd'hui le système des fondations est à peu près abandonné partout.

12.º Il a prouvé que l'on peut maintenir en parfait état des routes à fondations comme des routes sans fondations. Il n'y a donc, quant à la bonté de la viabilité, ni nécessité d'avoir des fondations, comme l'admettent Telfort et son école, ni nécessité de les supprimer, comme le veulent Mac-Adam et la sienne. Mais une autre question se présente, et elle n'a pas encore été résolue, c'est celle de savoir si l'une des deux méthodes est plus économique que l'autre, et laquelle, et dans quels cas. Si nous avions à la discuter spéculativement, nous croirions pouvoir prouver que les fondations sont généralement économiques dans un certain nombre de circonstances, et particulièrement là où le sol est médiocre et la fatigue considérable, à lourd roulage surtout. Mais nous ne croyons pas aux arguments spéculatifs assez de valeur pour le faire.

13.º On prenait pour de la terre, et la ressemblance est en effet très-grande, les détritus de matériaux contenus dans l'intérieur des chaussées ou

13.º Il a démontré que presque toute la prétendue terre des chaussées n'est que le détritus des matériaux qui les composent, et qu'il en est de

ERREURS. | VÉRITÉS.

situés à leur surface, ainsi que ceux renfermés dans les tas de pierres cassées.

14.º On pensait que plus les routes étaient sèches, plus cela était avantageux à leur bonté, à leur solidité. On pensait que le meilleur des cantonniers était le soleil.

15.º Beaucoup de personnes et même d'ingénieurs étaient d'avis, qu'au moins sur les routes plus ou moins fatiguées, il était nécessaire que la pierre fût cassée gros. Cette opinion était en rapport avec celles exposées aux n.ᵒˢ 3, 4 et 5. Plus tard elle a été remplacée par celle opposée, que sans cassage fin il était impossible d'avoir de bonnes routes.

16.º On laissait subsister des ornières, souvent même profondes, en présence de quan-

même de celle que l'on trouve au fond des tas de pierres cassées.

14.º Il a fait voir que les chaussées et leurs accotements ont besoin, pour ne pas perdre une portion plus ou moins notable, de leur résistance, d'une certaine dose d'humidité; que jamais, quelque chaud qu'il fasse, ils ne se laissent enlever en entier celle qu'ils ont acquise, mais que souvent, surtout dans le midi, ils s'en laissent prendre sensiblement trop, ce qui leur nuit fortement, prouve que souvent le soleil est un fort mauvais cantonnier, et exige qu'on les traite en conséquence. Il a fait voir, en outre, qu'ils peuvent renfermer le maximum d'eau que tolère leur état habituel, sans malaxation, et cependant offrir à la circulation une résistance plus que suffisante.

15.º Il a prouvé que les communications les plus fatiguées pouvaient être maintenues excellentes avec de petits matériaux, avec des pierres dont les plus grosses n'avaient pas plus de deux centimètres de côté. Il a démontré également que, bien que le cassage fin présente de grands avantages, on peut, avec un cassage gros, obtenir une très-bonne viabilité. La convenance de l'un ou de l'autre est déterminée par des circonstances qu'il serait trop long d'exposer ici.

16.º Il a fait voir que l'erreur si grave énoncée sous ce N.º, était due au manque de sur-

ERREURS.

VÉRITÉS.

tités plus ou moins considérables de matériaux. Tous les ans quelque membre des chambres législatives s'en plaignait même à la tribune.

17.º On attribuait le mauvais état des routes à ce que les chaussées allaient toujours perdant de leur épaisseur ; et cette opinion a existé assez long-temps pour que, si elle eût été conforme à la vérité, cette épaisseur eût dû disparaître ou laisser partout les fondations à nu.

veillance, ou à de l'incurie, tantôt dans la tenue du service, tantôt dans le système des adjudications.

17.º Il a fait voir, d'abord, par des expérimentations positives, et qui ont été vérifiées sur nombre de points, que des routes fort mauvaises s'étaient considérablement exhaussées, et certaines même d'un demi-mètre et plus ; ensuite, par le raisonnement aidé des faits, qu'il était difficile qu'il en fût autrement, vu qu'autrefois on n'époudrait jamais, que l'on ébouait peu, et que, par suite des répandages généraux, on protégeait les chaussées contre l'usure, en forçant le roulage à se tenir long-temps sur les accotements. Il en peut être aujourd'hui tout autrement, en raison de ce que l'on agit tout autrement.

18.º La méthode des répandages généraux était, pratiquement parlant, adoptée, il y a peu d'années encore, universellement ou à peu près, en France et en Angleterre. Elle est encore la règle dans le second de ces royaumes, et malheureusement toujours fort commune dans le premier.

18.º La possibilité, la convenance et la supériorité de la méthode des emplois partiels, quelle que soit du reste la fatigue des routes, a été mise dans un grand jour par ce même ingénieur.

19.º On songeait si peu à l'utilité, disons plus juste, à l'indispensable nécessité de la surveillance, qu'il était rare que les cantonniers fussent visités une fois par mois par un piqueur ou un conducteur. Cet oubli capital paralysait complètement l'institution des can

19.º Une des vérités que cet ingénieur se félicite et se félicitera toujours le plus d'avoir mise en lumière, c'est la possibilité et même la facilité d'obtenir, à l'aide d'une surveillance convenablement organisée, que les cantonniers soient exacts et acquièrent peu à peu

ERREURS.

VÉRITÉS.

tonniers stationnaires, qui par suite avait beaucoup de détracteurs.

20.º Cette inexactitude dans la surveillance était encore bien dépassée par son manque de spécialité. Les agents n'en possédaient pas la moindre trace, et aujourd'hui encore, malheureusement, bien peu en ont même les premiers rudiments.

21.º Les empierrements très-fatigués passaient pour inentretenables. L'administration supérieure en avait signalé aux chambres trois de ce genre, dont deux font aujourd'hui partie du service d'expériences, et dont le principal est beaucoup plus fatigué qu'il ne l'était alors.

22.º La méthode du travail à la tâche présente en général tant d'avantages, qu'en présence surtout des mauvais résultats que donnait l'institution des cantonniers, il y avait peu de personnes qui ne pensassent qu'elle devait être appliquée à la main-d'œuvre des routes. Trésaguet l'avait adoptée, et son mémoire avait eu l'approbation du conseil général des ponts-et-chaussées ; le décret du 16 décembre 1811 l'avait aussi préférée ; enfin, c'était et c'est encore celle prescrite par l'instruction émanée du parlement d'Angleterre.

23.º L'observation et l'étu-

la spécialité de leur métier, métier beaucoup plus difficile qu'on ne le croit communément.

20.º Ce que nous venons de dire au sujet du N.º 19 est applicable à ce N.º 20.

21.º Le même ingénieur a prouvé avec une telle évidence la possibilité de mettre et de maintenir en très-bon état les routes les plus fatiguées sans y dépenser plus, toutes proportions gardées, que sur celles qui le sont peu, qu'il y a aujourd'hui peu d'ingénieurs qui se hasardassent à la contester ; d'autant mieux que, depuis-lors, un certain nombre de ses confrères est parvenu au même résultat.

22.º Il a porté la même évidence sur l'impossibilité d'obtenir généralement rien qui vaille de la méthode des tâches, dans l'exécution des travaux de réparation que réclame l'entretien des routes. Aussi, n'y a-t-il plus généralement aujourd'hui que quelques théoriciens qui défendent cette méthode.

23.º Rien de commun au-

ERREURS.	VÉRITÉS.

de des faits, bien moins encore l'expérimentation, n'étaient alors de mise. On discutait, on argumentait avec des idées spéculatives, ainsi qu'il arrive toujours quand il s'agit de connaissances éminemment arriérées.

24.° Jusqu'à ces derniers temps, chaque fois que le pouvoir s'était préoccupé de l'amélioration de la viabilité, il avait fait appel au moyen qui d'ordinaire va le mieux à sa nature, à la force. Il ignorait que ce fût par les recherches scientifiques que l'on dût arriver à cette amélioration. Aussi, le décret du 16 décembre 1811 n'avait-il rien trouvé de mieux que de donner aux ingénieurs des lisières; aussi, une vingtaine d'années plus tard, à la suite des délibérations de la commission de 1829, avait-on établi les conseils locaux et les commissaires-voyers.

25.° On croyait les routes d'Angleterre supérieures à celles de France, et si supérieures même, que l'on y supposait le tirage beaucoup moins considérable que sur celles-ci. M. Navier avait même émis, dans sa brochure de 1835, l'opinion que la différence pouvait aller jusqu'au double et plus.

jourd'hui encore comme cette méthode. Il est rare que les écrits qui traitent du sujet reposent sur des observations ou des expérimentations assez claires et nettement formulées, assez bien établies et aisées à vérifier surtout, pour mériter confiance.

24.° Aujourd'hui, si nous ne nous trompons, le recours à la force, à la défiance, à l'adjonction de personnes plus ou moins étrangères à l'art, si distinguées et supérieures soient-elles, est jugé. Ce qui en reste est frappé au cœur; et plus cet art et la science dont il dépend feront de progrès, plus l'influence de ce reste s'affaiblira.

25.° Il y a une dizaine d'années que le chef du service d'expériences prouva (voir sa brochure de janvier 1836), qu'il résultait des documents mêmes fournis par M. Navier, et des expérimentations publiées par les ingénieurs anglais les plus distingués, que le tirage n'était pas plus satisfaisant sur les routes de la Grande-Bretagne que sur celles de la France, et de plus que le poids traîné par chaque cheval n'y était pas plus élevé. La connaissance de ce fait frappa bien des personnes, et com-

ERREURS.

VÉRITÉS.

mença à affaiblir singulièrement la confiance en ceux qui
citaient sans cesse l'exemple de
cette contrée, et de ce qui s'y
faisait.

26.º On prétendait pouvoir
apprécier la bonté des routes,
leur déperdition ou leur gain,
à l'aide d'un instrument. Un
ingénieur anglais, fort distingué, en avait imaginé un que
M. Telfort avait présenté
comme une des découvertes
précieuses de l'époque, et que
M. Navier signalait pour cet
objet à l'attention des ingénieurs français.

26.º Cet ingénieur démontra
dans le même écrit, d'abord que
c'était une aberration que de
vouloir apprécier par quelques
expériences sur l'intensité du
tirage, faites surtout comme
elles l'étaient, cette bonté,
cette déperdition, ce gain; ensuite, que l'instrument imaginé
à cet effet, et qui avait paru
si remarquable, était fort in-
exact, et sans avenir.

27.º L'administration, dans
le but de s'éclairer, avait, il y
a une dizaine d'années, chargé M. Navier d'études et d'expérimentations sur la matière.
L'écrit où il rendit compte du
résultat de ces études et de ces
expérimentations avait fait naître de grandes espérances pour
la solution des problèmes rela-
tifs à la réglementation du roulage.

27.º Malgré le succès brillant
qu'avait obtenu l'écrit dont il
s'agit, la réfutation qu'en fit le
chef du service d'expériences
lui ôta promptement toute autorité, en prouvant qu'il était
entaché d'erreurs et d'imper-
fections si graves, que la théorie qui y était exposée ne pouvait se soutenir. Une des principales vérités qui ressortit
de l'ensemble de cette réfutation, est que la solution des
problèmes de route et de roulage repose sur des connaissances spéciales que ne sauraient suppléer le mérite et le
savoir même les plus éminents.

28.º Jusqu'à ces derniers
temps on s'occupait des questions de routes sans tenir compte de leur tonnage, ou plutôt,
à défaut de celui-ci, des chif-
fres de fréquentation.

28.º Pendant une quinzaine
d'années, le même ingénieur
n'a décessé de faire remarquer
qu'il est impossible de comparer des routes entre elles, et
de résoudre les problèmes les
plus importants de l'entretien,
si l'on ne fait en sorte de se
rendre compte, plus ou moins

ERREURS.	VÉRITÉS.

ERREURS.

29.° Il y a quelques années qu'un ingénieur, qui a rendu de grands services à la cause de l'entretien des routes et du roulage, a émis un principe, connu généralement aujourd'hui sous le titre du *minimum de dépense répondant au maximum de beauté*, et formulé aussi comme il suit : *Le système d'entretien qui donne les plus belles routes est en même temps le plus économique.* Pendant un certain temps, ce principe a été admis par un assez bon nombre d'ingénieurs; mais, si nous sommes bien informé, il lui reste aujourd'hui peu de partisans.

VÉRITÉS.

approximativement, de leur tonnage, et à son défaut, de leur chiffre de fréquentation. Mais cette vérité n'a pénétré dans les idées que depuis près de deux ans.

29.° Lorsque le chef du service d'expériences, apprenant que le principe ci-contre acquérait du crédit, crut devoir le combattre, il lui fut objecté que lui-même s'était exprimé anciennement dans le même sens, attendu qu'il avait écrit d'abord dans sa première brochure de 1829 : *Il en coûte toujours beaucoup plus pour réparer une dégradation que pour la prévenir ;* ensuite, dans son opuscule de 1834 : *Lorsqu'un empierrement a sa surface polie, sans aspérités, le roulage lui cause le minimum de tort qu'il puisse lui faire ; et lui, de son côté, ne cause au roulage que le minimum de peine et d'efforts ; partant, tous deux doivent être satisfaits, et les choses vont pour le mieux.* Mais il est clair qu'on ne l'avait pas compris. Le premier passage est l'énoncé d'un principe vrai, mais qui, comme presque tous les principes, ne peut, sans devenir faux, être poussé jusqu'à ses dernières limites. Le second met en présence deux faits évidemment exacts, mais il est loin de dire que l'état de viabilité qui y correspond puisse être obtenu économiquement.

29 *bis.* Parmi les autres propositions produites et démontrées par le même ingénieur, et dont aujourd'hui peu de

ERREURS.	VÉRITÉS.
	personnes contestent la justesse, on peut signaler les suivantes : 1.º l'objet qui mérite le plus d'attirer l'attention, c'est d'arriver à faire que les cantonniers laissent peu à désirer sous le rapport de l'exactitude et de la spécialité, ce qui exige, d'une part, qu'il en soit de même de leurs surveillants, de l'autre, que ces ouvriers soient de véritables artisans ; 2.º les routes fatiguées demandent, toutes choses égales d'ailleurs, beaucoup plus d'expérience et de capacité que celles qui ne le sont pas ; 3.º la répartition des crédits, soit entre les divers départements, soit entre les différentes routes d'un même département, n'est établie sur aucun procédé, aucune méthode tant soit peu rationnels ; il en résulte que certaines de ces voies reçoivent beaucoup plus que ce à quoi elles auraient droit, et d'autres beaucoup moins ; ce fâcheux état de choses ne peut être attribué à personne, il n'est dû qu'à l'état arriéré de l'art.

ERREURS ET VÉRITÉS

QUI NE SONT ENCORE RECONNUES QUE PAR UN PETIT NOMBRE.

ERREURS.	VÉRITÉS.
30.º Beaucoup d'ingénieurs encore considèrent le piquage	30.º Ces procédés sont tout naturellement suggérés et re-

ERREURS.

des chaussées avant les emplois et même le pilonnage de la pierre, comme des opérations plus ou moins importantes. Il est vrai que, dans la pratique, la plupart y tiennent peu. Le piquage a été recommandé par Mac-Adam et son école; mais, d'après ce que nous avons vu sur les routes de cet inspecteur, nous nous croyons permis de douter qu'il y soit suivi avec quelque exactitude, qu'il y joue un rôle de quelque valeur.

31.º L'administration a recommandé, en faisant des emplois, d'araser les matériaux, de les mettre de niveau avec les bords des surfaces qui les reçoivent.

32.º Le balayage était considéré, il y a quelques années, et l'est encore, quoique beaucoup moins, comme un travail de première importance; quelques ingénieurs en faisaient le pivot de l'entretien, le point de mire du métier. Il n'y avait presque pas de routes, suivant eux, qu'il ne pût rendre et maintenir bonnes.

33.º Des ingénieurs fort distingués sont portés à croire que

VÉRITES.

commandés par la théorie. Mais la pratique enseigne que l'on peut presque toujours s'en passer, surtout du second, et qu'il y a généralement une économie sensible à le faire. Les ingénieurs anglais ne sont pas partisans non plus du piquage; mais l'école de Mac-Adam l'étant, cette opposition peut sembler suspecte.

31.º L'auteur de cet opuscule a démontré que c'était une erreur, parce que l'effet de l'enchevêtrement étant de diminuer beaucoup le volume des emplois, il faut, pour que les pièces ne soient pas trop basses, que ces emplois dépassent en hauteur l'arasement.

32.º Le balayage est une pratique utile, mais d'une importance des plus secondaires. Il ne doit figurer dans l'entretien que comme un ouvrage exceptionnel, accessoire. L'expérience fait foi qu'avec les seuls racloirs on peut obtenir, et plus économiquement, toutes choses égales d'ailleurs, des routes d'une grande beauté.

Le chef du service d'expériences, qui le premier en avait recommandé l'usage, a reconnu, après l'avoir soumis à un grand nombre d'essais, tant en grand qu'en petit, qu'il n'a droit dans l'entretien qu'à une place très-ordinaire.

33.º Nous avions, il y a quinze ans, émis l'opinion que

ERREÚRS.	VÉRITÉS.

les roues scient les routes, que l'usure qu'elles leur causent est due surtout au frottement.

l'on pourrait arriver un jour à obtenir que l'usure eût lieu surtout par le frottement. Nous sommes depuis long-temps, et nous l'avons avoué sans difficulté, revenu de cette opinion. Nous avons prouvé que c'est essentiellement par l'écrasage que se fait la consommation des matériaux.

34.º C'était un principe généralement admis en France, il y a fort peu de temps encore, et qui l'est toujours par le plus grand nombre, que la main-d'œuvre doit y être augmentée plus ou moins fortement, la quantité de pierre sensiblement diminuée, et que c'est surtout de cette disposition que dépend le salut des routes. Des publicistes éminents, des hommes fort distingués, ont avancé que la dépense consacrée à la première doit être, en moyenne, le double environ de la seconde.

34.º Depuis long-temps le chef du service d'expériences a fait voir, non seulement que ce n'est pas là qu'est le nœud de la difficulté, mais encore où il est. Ses observations et ses expérimentations l'ont d'ailleurs conduit à affirmer que ce principe est des plus erronés, et qu'en général on doit dépenser sensiblement plus, au moins le double, en matériaux qu'en main-d'œuvre.

35.º Un ingénieur fort remarquable a mis en avant l'opinion, basée sur un certain nombre d'expériences, que l'usure des routes est *beaucoup plus considérable* en été qu'en hiver.

35.º Ce chef affirme, et en a publié les raisons, que c'est là une véritable hérésie, et que c'est le contraire qui a lieu.

36.º L'auteur de cette brochure a publié, il y a onze ans, un procédé d'expérimentation pour mesurer l'usure des routes. Ce procédé, basé sur le recueil des détritus, a reçu d'un de ses confrères une extension considérable, qui est regardée aujourd'hui par un assez bon nombre d'ingénieurs comme une fort bonne méthode.

36.º Le même ingénieur a démontré que l'extension dont il s'agit a rendu ce procédé des plus inexacts, et que l'emploi n'en peut être excusé que par l'enfance de l'art, enfance dont il sera un jour une des preuves les plus manifestes.

ERREURS.

VÉRITÉS.

37.º On a proposé depuis quelque temps l'emploi du rouleau, comme moyen de supprimer presque l'entretien, ou plutôt de le réduire à des rechargements généraux par aménagements ; lesquels rechargements seraient amenés à l'état de chaussées par cet instrument.

37.º Cette idée spéculative est fondée sur une hypothèse, celle du parallélisme de l'usure, que le chef du service soutient être infirmée par les faits les moins contestables. Il ne nie pas que ce parallélisme ne puisse avoir lieu exceptionnellement, et surtout sur des routes fraîchement exécutées, particulièrement dans les circonstances où la circulation est forcée, ou peu s'en faut, de se croiser à peu près en tout temps. Mais il affirme que l'hypothèse ni le procédé ne sont soutenables en thèse générale.

38.º Les tournées des inspecteurs ont constamment lieu pendant la belle saison ; ce n'est que rarement et exceptionnellement qu'elles se font dans la mauvaise.

38.º Il est incontestable que c'est pendant la mauvaise saison que les routes sont le plus exposées à être rouagées, défoncées, et réclament de la part des ouvriers et de leurs chefs le plus d'habileté ; que c'est à cette époque que l'on peut le mieux juger de ces voies et de cette habileté. Sans donc nier que les tournées qui ont lieu pendant la belle saison n'aient aussi leur utilité, il est permis d'assurer qu'un ordre de choses qui ne les établit et ne peut même les admettre pendant la mauvaise que comme exceptions, est des plus défectueux.

39.º L'erreur du mode d'expérimentation et de la théorie de M. Navier ayant fait abandonner l'un et l'autre, un mode et une théorie différents ont été mis en avant par MM. Morin et Emmery. Soutenus par l'administration qui croyait à leur bonté, comme elle avait cru à celle de la doctrine de

39.º Par suite des démonstrations données par le chef du service d'expériences, et du soin qu'il a pris de répandre le plus possible, parmi les personnes éclairées, les écrits où il les a exposées, l'inexactitude du mode d'expérimentation et de la théorie de MM. Emmery et Morin est aujourd'hui re-

ERREURS.	VÉRITÉS.

M. Navier, ils ont eu un moment de grand succès. L'expulsion des larges jantes, la répulsion des charrettes, la faveur aux grands diamètres, l'adoption d'un seul tarif d'été et d'hiver, etc., etc., qui sont les points principaux de cette théorie, sont tous autant d'erreurs.

40.º Pendant long-temps on a cru, et aujourd'hui encore une foule de personnes croient, surtout dans le corps des ingénieurs, et particulièrement à l'administration, que le roulage est entièrement libre de surcharger à sa guise, qu'il est le maître d'imposer à chaque zône de roue d'un centimètre de largeur tel poids que bon lui semble. Le savant M. Navier a été un des plus zélés partisans de cette opinion.

41.º Il y a peu d'années, la nécessité du système de la réglementation des charges était considérée presque universellement comme incontestable. Il n'y avait que très peu de personnes, surtout dans le corps des ponts-et-chaussées, et plus particulièrement à sa tête, qui crussent à la possibilité de s'en passer (1). Aujourd'hui, l'opi-

(1) Parmi celles qui croyaient à la possibilité de s'en passer, il faut citer en tête un des ingénieurs qui ont le plus fait pour répandre des idées saines sur les questions de routes et de roulage, M. l'inspecteur général Vauvilliers. Il faut nommer ensuite M. l'ingénieur en chef Dumas.

connue par beaucoup de monde. Cependant, il faut convenir que, surtout à l'administration, elle est encore contestée par le plus grand nombre.

40.º L'auteur de cet opuscule a avancé et soutient, depuis une quinzaine d'années, que c'est une erreur. Et il l'a prouvé par l'observation, c'est-à-dire en faisant voir qu'il y a une foule de pays et de routes où le roulage est complètement libre, où souvent la concurrence l'engage à surcharger autant qu'il peut, et où cependant il ne dépasse jamais le poids de 200 à 220 k. par zône, où même il n'atteint que rarement 180 k. Il a de plus expliqué à quoi cela est dû.

41.º Mais il ne suffisait pas de démontrer que le roulage ne dépassait jamais cette charge de 200 et quelques kilogrammes par zône, il fallait encore prouver que les routes bien tenues pouvaient aisément y résister. Or, c'est ce qu'à l'aide d'un mode d'expérimentation fort simple, le même ingénieur a fait. Il a prouvé que, dans de telles conditions, ces voies peuvent, même pendant la plus mauvaise saison, et par une humidité prolongée, supporter des pressions de quinze cents kilogrammes par zône.

ERREURS.

VÉRITÉS.

nion publique, celle des chambres surtout, s'est singulièrement modifiée à cet égard ; mais celle des ingénieurs ne revient que lentement.

42.º Jusqu'à ces derniers temps encore on croyait que la charrette de 0,17, la plus favorisée par le décret de 1806, était, et de beaucoup, la voiture la plus répandue, car on croit aux réglements beaucoup plus de pouvoir que dans bien des cas ils n'en ont.

43.º Un grand nombre de personnes pensent qu'il faudrait encourager les chariots aux dépens des charrettes. Certaines même ont avancé que, dans une bonne partie de l'Europe, ces dernières ne sont plus en usage.

44.º Par suite de ce que pendant la saison humide les routes sont plus difficiles à entretenir, et demandent plus de main-d'œuvre que pendant la saison sèche, la grande majorité des ingénieurs est d'avis que, pendant sa durée, une proportion plus ou moins considérable d'ouvriers auxiliaires, le tiers environ de la main-d'œu-

42.º Le même ingénieur a fait voir que cette voiture ne paraît même pas sur le plus grand nombre de ces voies, et que sur presque toutes celles où elle circule, elle est beaucoup moins commune que les autres voitures, et surtout que celle à un cheval.

43.º Cet ingénieur soutient que c'est une grave erreur. Il a montré que dans la Grande-Bretagne les charrettes sont, comme en France, beaucoup plus nombreuses que les chariots ; et il lui semble rationnel de croire, jusqu'à preuve du contraire, qu'il en est généralement de même dans les autres pays. Il soutient que chacun de ces véhicules a des avantages et des inconvénients qui lui sont propres, mais que dans la balance qu'en fait l'industrie, la charrette l'emporte de beaucoup, et que ce serait une faute très-grave que de chercher à combattre cette préférence.

44.º Cet ingénieur affirme que, sur toute route en bon état et bien tenue, les besoins de la mauvaise saison ne sont pas assez grands pour que l'on ne puisse pas généralement se passer, et avec un avantage plus ou moins grand, de ces ouvriers. Il affirme que, partout où cette bonne tenue a lieu, ils ne sont nécessaires

ERREURS.	VÉRITÉS.

vre, est et sera toujours indispensable au maintien de la viabilité.

que là où l'insuffisance des crédits ne permet pas de donner, aux chaussées la solidité et le bombement, à l'ensemble de la voie la réunion de soins, qui seuls peuvent donner les excellentes routes. Il ne cesse de répéter, depuis de longues années, que la partie manuelle de l'entretien est un métier, et un métier difficile, qui doit être exercé, comme tous les métiers, par des gens spéciaux, par de véritables artisans (1). Cette condition de spécialité de la main-d'œuvre est d'autant plus importante, qu'il est impossible que les ouvriers ne soient pas la plus grande partie de leur temps, dix-neuf heures au moins sur vingt, sans guide, sans conseil. Or, s'ils n'ont pas cette spécialité, comment pourront-ils faire de ce temps l'emploi le plus convenable?

45.° On avait, en France, sur l'état et la tenue des routes de l'Angleterre, comme sur la valeur des institutions qui en sont la base, des idées fort inexactes, souvent même tout-à-fait fausses. Il en résultait, dans le premier de ces royaumes, une disposition d'esprit très-fâcheuse pour le progrès; et la cause en est trop facile à trouver pour qu'il soit utile de l'exposer.

Depuis nombre d'années on y citait cette Angleterre comme un modèle à suivre sous ces trois rapports. Et qui faisait cela? non seulement des auteurs anglais, mais encore des publicistes français d'un haut

45.° Cet ingénieur a prouvé que toutes ces opinions étaient fausses; que pas plus l'état que

(1) En ce qui le concerne personnellement, cet ingénieur est loin d'être contrarié de l'opposition que rencontre l'adoption de ce principe. La raison en est que, plus il lui faudra de temps pour le faire triompher, et plus ensuite on lui en fera honneur. Il l'a dit il y a bien des années, et il ne saurait trop le redire, en général tous les travaux manuels qui s'exécutent sur les routes devraient y être faits par les cantonniers; ce serait le moyen d'avoir le plus grand nombre possible de ces ouvriers. Partout où le service d'expériences a ou approche d'avoir des crédits suffisants, il marche à grands pas vers cet état.

ERREURS.

VÉRITÉS.

mérite, mais encore des ingénieurs français dont les principaux avaient vu les choses par eux-mêmes.

On disait que les empierrements qui, dans Londres, avaient été, il y a une vingtaine d'années, substitués à des pavages, avaient à leur tour cédé la place à ceux-ci; que les larges jantes avaient été, ou peu s'en faut, abandonnées; que les chariots avaient généralement expulsé les charrettes; que les chevaux vigoureux et lourds, destinés aux transports au pas, devenaient de plus en plus rares, etc. (1)

(1) Supposer qu'un peuple doué d'assez de bon sens pour se créer, dans chaque espèce d'animaux, des races propres à ses divers besoins, comme par exemple parmi les bêtes à laine, des variétés pour les toisons fines ou grosses, d'autres pour la viande, le laitage et le beurre, ira, dans l'espèce chevaline, se montrer exclusif pour la vitesse, et méconnaître, que la lenteur, que les transports au pas sont de beaucoup les plus usuels, sont la règle, c'est à nos yeux se montrer peu judicieux. C'est faire plus, c'est prouver, comme l'atteste le passage suivant de M. Royer-Collard, que l'on ne connaît pas les faits. Voici ce passage : ce qui y est dit des gros chevaux du roulage ne sera contesté par aucune des personnes qui ont observé comment les choses se passent dans les grandes villes de l'Angleterre.

« Bakewell jugea que les cornes
» des bœufs étaient inutiles et sou-
» vent dangereuses; il créa des es-
» pèces complètement dépourvues de
» cornes. C'est encore à lui que l'An-
» gleterre doit cette belle race de
» gros chevaux qui font le service de
» roulage de Londres. »

la tenue, que les institutions, ne méritaient les éloges, la réputation de supériorité qu'on leur faisait; que, bien mieux, le parlement et les auteurs les plus estimés en faisaient un tableau fort laid, souvent même hideux; que le pays accusait, à l'unanimité, d'ignorance et d'incapacité les agents chargés de la conduite et de la direction des travaux; enfin, que par suite de l'omnipotence tant vantée des communes, il y avait à peu près anarchie dans cette branche de l'administration.

Il a de plus reconnu et appris à ses concitoyens, entre autres faits importants, 1.º que dans la majeure partie des grandes villes de ce royaume, il y a un nombre plus ou moins considérable de rues empierrées; que le roulage y jouit forcément de la liberté la plus complète, qu'il en use, et que cependant elles n'en sont pas moins généralement d'une viabilité assez satisfaisante pour qu'on les préfère à de bons pavages; 2.º que les charges n'y dépassent jamais deux cents et quelques kilog. par zône; 3.º qu'il y existe beaucoup de voitures à larges jantes; 4.º que, dans le nombre, il y en a dont la forme des roues est infiniment plus dangereuse pour les routes que celles en usage en France; 5.º que les charrettes sont beaucoup plus nombreuses que les chariots; 6.º que celles à un cheval et à jantes étroites sont très-communes, et même employées exclusivement dans

ERREURS.

VÉRITÉS:

des contrées entières, et entre autres en Irlande; 7.º que les diamètres des roues sont en général sensiblement moindres qu'en France, etc.

D'où vient un contraste si frappant entre le langage de ce voyageur et celui de ses devanciers? de ce que celui-là avait la spécialité du sujet, et de ce que ceux-ci ne l'avaient pas.

46.º Bien que les surcharges rendent l'entretien des routes plus coûteux et plus difficile, il suffit, pour que l'on doive les considérer comme un bien, que l'on sache trois choses : la première, qu'elles n'empêchent pas le maintien d'une parfaite viabilité; la seconde, qu'elles donnent lieu à une économie notable dans le coût des transports (1); la troisième, que cette économie est sensiblement plus forte que l'accroissement de dépense qu'elles causent à l'entretien.

47.º L'emploi très-fréquent que tous les grands foyers d'industrie de l'Angleterre font des roues coniques, ou mi-coniques et cylindriques, ou à jantes évasées, ou encore, mais bien plus rarement, à bandes de diamètres différents (voir notre brochure de mai 1843), semble mettre hors de doute qu'il est de l'intérêt de l'industrie, et par suite de la société, que les roues touchent le sol sur une étendue beaucoup moindre qu'elles ne le font dans le système cylindrique généralement usité en France et en Europe. On conçoit en effet que, lorsqu'il y a de la boue, ce qui n'est pas rare là où la fréquentation est considérable, le tirage doit croître avec cette surface. A nos yeux, la manifestation de ce fait et de ses circonstances est l'indice presque certain d'une vérité dont il serait bon que la société fît son profit.

48.º Une vérité bien simple et que pourtant on méconnaît journellement, c'est que l'art de l'entretien ne doit pas se borner à chercher les moyens de maintenir constamment les routes en excellent état, mais s'appliquer en outre à chercher ceux d'y parvenir le plus économiquement possible. Cette partie de l'art n'est pas même à l'état d'enfance, elle est à créer.

(1) Nous avons démontré, dans notre brochure de mars 1844, pages 106 à 108, qu'il y aurait pour le pays une économie considérable à ce que les surcharges fussent le plus nombreuses possible.

49.º La connaissance des pierres, non pas seulement sous le rapport de leur nature, mais encore et surtout sous celui de leurs qualités et de leurs défauts, comme éléments indispensables de la construction et de l'entretien des routes, est d'une extrême rareté; c'est à peine si les plus habiles ont à ce sujet quelques notions (1).

50.º Un proverbe fort utile à rappeler dit : *Les bons outils font la moitié de l'ouvrage*. Mais, par suite de l'enfance du métier de l'entretien, c'est à peine si, malgré les appels que depuis long-temps nous avons faits à ce sujet, on a commencé à y donner quelque attention (2).

51.º Une longue expérience nous a appris que l'on peut sans inconvénient, et avec une économie considérable, supprimer au moins les neuf dixièmes de l'emmétrage.

52.º Il en est de même du convertissement des grandes adjudications en petites, convertissement qui les fait passer aux mains des voituriers de chaque localité, c'est-à-dire chez ceux qui peuvent s'en charger au plus bas prix.

53.º Il y a bien des jours dans l'année où, ne fût-ce que pendant quelques heures, les cantonniers n'ont à faire aucun ouvrage pressé ou opportun. Il est donc d'une grande importance qu'ils aient toujours à leur portée, et sans cesser d'être en vue des surveillants, des passants, un travail qui n'exige toujours, et quelque temps qu'il fasse, que la même force, la même durée; qui fasse fonction de volant. Il n'y en a qu'une espèce qui ait cette propriété, c'est le cassage. Depuis fort long-temps nous avons acquis la conviction, et elle est allée chez nous toujours en croissant, que, tous comptes faits, l'exécution de ce travail par ces ouvriers produit une économie considérable. Mais ce n'est pas tout, on ne saurait croire combien cette exécution, quand elle a lieu par les entrepreneurs, laisse introduire de mauvais matériaux dans les fournitures; et ce défaut, d'ailleurs très-grave, n'est pas le seul de cette méthode.

54.º La manière de diriger et de conduire l'entretien d'une route, une partie des méthodes

---

(1) Nous étions un jour en journée avec un ingénieur qui, en nous montrant des quartz d'une nature impossible à méconnaître, nous dit : Croiriez-vous que M.*** a pris cela pour des calcaires, et ne pouvait se décider à renoncer à son opinion !

Nous ne citons ce trait que parce que M.*** étant un des plus grands antagonistes du service d'expériences, il est bon que l'on se fasse une idée du degré de spécialité de ces antagonistes, de celle au moins des principaux.

(2) Il nous arrive souvent, à cet égard, de voir, dans nos excursions, des choses déplorables.

et des procédés à suivre, dépendent à un haut degré de l'état de cette route, de son tonnage, des crédits dont on dispose et de quelques autres considérations.

55.º Cette manière doit, dans tous les cas, être celle d'une industrie bien ordonnée, et reposer, comme toutes celles de ce genre, sur la connaissance pratique et théorique des propriétés ou attributs du sujet, sur l'observation et l'étude persévérantes des phénomènes. Elle ne doit s'appuyer que le moins possible sur les idées spéculatives.

56.º Un des problèmes les plus importants à résoudre aujourd'hui est d'arriver à faire que les vérités et les bonnes pratiques se propagent partout, et que là où elles ont été une fois introduites, elles ne se perdent plus; que les prescriptions de l'administration soient exécutées, et que, par exemple, on puisse affranchir l'état de la rente annuelle de deux millions et beaucoup plus qu'il paie aux répandages généraux. Un autre problème dont la solution ne serait guère moins utile, consiste à trouver le moyen de mettre un terme au désaccord plus ou moins complet qui, sur nombre de points pourtant fondamentaux, existe entre les ingénieurs spéciaux (1).

57.º Les ingénieurs seuls qui se livrent à des observations et à des expériences variées, nombreuses, répétées, sur la manière dont se produisent, se poursuivent et se passent les phénomènes dont les routes sont le théâtre, les intempéries et le roulage les principaux agents, parviendront à faire faire à l'art et à la science des progrès plus ou moins sensibles, à résoudre les problèmes importants, à découvrir les vérités plus ou moins difficiles à trouver. C'est parce que celle-ci a été méconnue que des hommes d'un haut mérite ont échoué dans la recherche de ceux dont on leur avait confié la solution. Ils avaient beaucoup de science, mais ils n'avaient pas celle qu'il fallait.

58.º En fait de pratique, les circulaires de l'administration, bien que plus utiles qu'autrefois, sont, et, tant qu'on ne leur viendra pas en aide, continueront d'être d'une grande insuffisance.

---

(1) Dans notre 3.ᵐᵉ Note sur le roulage et les routes d'Angleterre et de France, nous avons donné une large idée de ces dissidences, et nous en avons emprunté maints exemples aux Annales des ponts-et-chaussées. Nous pouvons aujourd'hui en emprunter d'autres à un recueil qui, pour être nouveau, ne nous paraît pas moins mériter toute la sympathie des amis du progrès, nous voulons parler des Annales des chemins vicinaux. Ainsi, on y voit deux ingénieurs qui se sont beaucoup occupés des questions de routes, annoncer, l'un que sur ces chemins un cantonnier est généralement en état de suffire à l'entretien d'une dizaine de kilomètres; l'autre, qu'il ne faut lui en donner que deux à quatre, au plus cinq; ainsi, on y voit proposer pour épaisseur ordinaire des chaussées, par les uns, une dizaine de centimètres, par les autres, au moins une vingtaine, etc., etc.

59.º Ce qui fait faute aujour-
d'hui, c'est surtout le bien-faire. Le bien-dire, du moins en ce
qui touche les premiers rudiments de l'art, commence à ne pas
manquer. La bonne organisation pratique de l'entretien est
beaucoup plus rare qu'on ne le croit.

60.º Quoique l'administra-
tion actuelle fasse beaucoup plus pour l'entretien que n'ont fait
ensemble toutes celles qui l'ont précédée, elle fait encore beaucoup trop peu, quand on songe à l'immense utilité du but à
atteindre, une bonne viabilité générale. Les encouragements
sont trop rares et trop faibles. Tant que des ingénieurs, conviés
à s'occuper avec zèle de l'entretien, pourront dire : *A quoi
bon?* il restera encore sous ce rapport beaucoup à faire. *Voulez-
vous faire croître le mérite*, dit un proverbe persan, *semez les
récompenses.*

61.º Un des meilleurs moyens
qu'aient les ingénieurs spéciaux de hâter le progrès, c'est de publier avec une entière franchise, et sans se préoccuper de l'accueil bon ou mauvais qui y sera fait, les résultats de leurs investigations (1). En bien des circonstances, mais surtout quand
il y a danger à le faire et certitude que d'une façon ou d'autre
on en pâtira, cette franchise peut être un plus grand service que
maints succès brillants.

62.º C'est une opinion pres-
que universellement reçue que les routes et le roulage sont in-
férieurs, et même de beaucoup, aux voies et aux moyens de
transport plus nouveaux. Aussi les déprécie-t-on fort; aussi est-
on même allé et va-t-on encore souvent jusqu'à prétendre qu'un
jour ils seront remplacés par eux. Cela tient à ce que l'on ne
voit généralement que quelques faces de la question. Mais, quand
on les examine toutes, on n'a pas de peine à reconnaître que
ces instruments, pour être, comme la charrue, fort anciens, n'en
sont pas moins comme elle, et probablement à toujours, beaucoup plus utiles, surtout dans un royaume comme la France.

L'auteur de cette brochure ne décesse de faire des efforts pour
amener l'opinion à la vérité, pour lui faire comprendre que les
routes sont les voies générales par excellence; et cela par la
raison fort simple que si elles sont privées de quelques avantages
dévolus à leurs émules, elles en possèdent un bien plus grand
nombre et d'incomparablement plus précieux, que ceux-ci n'ont
pas : pour lui faire comprendre que ce qui constitue la masse
des transports, les sept huitièmes au moins dans ce royaume, ce
sont les relations de voisinage, celles des centres de population

---

(1) C'est à cette franchise de langage que l'on doit presque tous les
progrès qui ont eu lieu depuis quelques années, et surtout le revire-
ment de l'opinion des chambres législatives au sujet du système de la réglementation.

avec leurs alentours, relations qui ne s'étendent généralement qu'à quelques lieues, trois ou quatre, et sont d'une telle nature que, décuplât-on le nombre des chemins de fer et des canaux, ce n'en est pas moins par les routes qu'elles s'exerceraient (1). Il a fait voir que les publicistes qui s'occupent des voies de transport sont généralement, en ce qui concerne celles-ci, bien peu au courant des faits. Enfin, il a montré, par la comparaison du produit annuel des péages, que, même en Angleterre, l'exécution des chemins de fer n'a pas diminué d'un douzième la quantité des transports de matière qui s'exécutent sur les routes.

(1) Voir nos brochures de février 1839 et de décembre 1844.

CHAPITRE II.

SITUATION.

Ce chapitre sera divisé en deux sections, sous les titres suivants : 1.º Côté matériel ; 2.º Côté moral.

SOMMAIRE.

1.re Section. — Métamorphose des routes du service d'expériences. — Accroissement considérable de tonnage d'une bonne partie de ces routes. — Grande infériorité de ses crédits par comparaison avec ceux de l'ensemble général de ces voies. — Garanties offertes par le personnel. — Défectuosités de la situation. 2.me Section. — Dispositions peu favorables de quelques personnes. — Satisfaction des administrateurs. — Silence habituel des conseils généraux. — Manifestation défavorable de l'un d'eux dans ses dernières sessions. — Absence complète de fondement, erreur et injustice de cet acte. — A quoi elles sont dues. — Autre acte analogue.

1.re SECTION.

CÔTÉ MATÉRIEL.

§ 15. — Quand on a dit d'une route, qu'elle était traitée par la méthode des répandages généraux, que la surveillance y était très-faible, et, de plus, entièrement privée de spécialité, on n'a besoin de rien ajouter pour prouver que, toutes autres choses égales d'ailleurs, l'introduction du régime des emplois partiels et d'une surveillance non seulement beaucoup plus active, mais encore plus ou moins spéciale, n'a pu manquer d'y produire une véritable métamorphose. On ne saurait donc faire à la situation actuelle du service d'expériences l'affront de la comparer avec l'ancienne (voir au § 10 ce que nous avons dit de celle-ci). Cependant ce n'est pas dire, il s'en faut de beaucoup, que cette situation ne laisse rien à désirer. Le chef de ce service est le premier à annoncer qu'elle laisse à désirer, et il fait connaître en quoi et pourquoi. Or, on pensera peut-être que si quelqu'un est en mesure de connaître et d'exposer cet *en quoi* et ce *pourquoi*, ce doit être lui.

C'est un fait incontestable que les méthodes d'entretien recommandées par l'administration reposent sur les siennes, et que l'auteur de la circulaire où elles sont indiquées est un disciple d'un de ses propres disciples ; que, par conséquent, il serait peu rationnel de s'en prendre à ces méthodes de ce qui peut faire faute à ce service, et cela surtout en présence du langage tenu par cette administration, §§ 8 et 9. A quoi donc l'attribuer?

Un autre fait ou plutôt un ensemble de faits qui n'est pas moins incontestable, c'est que depuis un certain nombre d'années le tonnage général des routes, celui de certaines particulièrement, a subi un accroissement considérable, et a même sur différents points doublé en peu de temps (1) ; qu'il en a été ainsi, et souvent à un plus haut degré encore, des exigences du public, que le prix des matériaux a éprou-

____

(1) Sur un des 14 arrondissements traversés par le service d'expériences, le tonnage de la route qui y est affectée a augmenté en une seule année d'environ trois cents colliers, c'est-à-dire de plus du double du chiffre moyen de fréquentation des routes de France.

vé également une augmentation notable , et que celui de la
main-d'œuvre s'est aussi élevé sensiblement. De cette réunion de circonstances découle la conclusion que les crédits
auraient dû en général être doublés , certains même sensiblement plus que doublés. Or , il y a sur le service d'expériences plusieurs départements où , avant l'année qui court,
ce crédit avait été à peine augmenté.

Précisons maintenant quelques faits, car, en descendant
des généralités aux applications, rien n'est plus aisé , quand,
on ne prend pas ce soin , que de se fourvoyer. Ainsi , il y a
un assez bon nombre de voies sur lesquelles la circulation
n'augmente qu'avec une excessive lenteur , certaines même
où elle diminue ; ainsi, il y en a où les exigences , le prix
des matériaux , celui de la main-d'œuvre , ne se modifient également d'une manière sensible qu'au bout de bien des années,
tandis qu'il y en a d'autres où les choses se passent d'une
façon diamétralement opposée (1). Or , comme jusqu'à présent on a généralement ignoré celles qui sont dans le premier cas , et celles qui sont dans le second, que l'on n'avait
même pas de donnée sur le chiffre de fréquentation de chacune (2) , il en est résulté l'impossibilité matérielle de faire
une répartition équitable.

On a vu dans nos écrits que , quand on veut comparer, à
l'aide d'une première approximation , la manière dont deux
routes sont dotées , il faut mettre en présence le chiffre de
leur crédit et celui de leur tonnage , ou , à défaut de celui-ci,
celui de leur fréquentation. Employons donc cette méthode.

(1) Les relations de la France avec l'Algérie ont augmenté et augmen-
tent rapidement la circulation sur une partie du service d'expériences.
Par suite de cette circonstance , tout-à-fait exceptionnelle , cette partie est
dans une situation qui demande de forts accroissements de crédits.

(2) L'administration supérieure s'est mise en mesure de se procurer
cette donnée.

Le crédit général de l'entretien des routes royales est depuis quelques années de 22 millions, ce qui fait par kilomètre 637 francs. Si donc on peut, comme nous le croyons, admettre que la fréquentation moyenne de ces voies est plutôt au-dessous qu'au-dessus de 150 colliers, leur crédit moyen, en adoptant ce chiffre, serait, par kilomètre et par cent colliers, de 424 francs.

Or, dans un des départements traversés par ce service, l'empierrement a de longueur 59 k. 43, et la circulation moyenne géométrique a été, en 1844, de 549 colliers (1) ; son crédit proportionnel aurait donc dû être de 138,338 fr.; cependant, il n'a été depuis quelque temps que d'une soixantaine de mille francs. Cette année, il est de 80,000.

Dans un autre département où la longueur est de 95 k. 42 et la fréquentation de 610, le crédit proportionnel aurait dû être de 244,794 fr.; il était depuis quelques années de 112,000, il est pour 1845 de 120,000 fr.

Dans un autre où la longueur est de 88 k. et la fréquentation de 738, ce crédit aurait dû être de 275,362 fr.; il était depuis quelques années de 160,000, il est celle-ci de 175,000 fr.

Ajoutons à ces documents que, dans les trois départements qui viennent d'être cités, le prix de la main-d'œuvre est sensiblement plus élevé que dans le reste de la France; que même dans deux il l'est de plus d'un tiers; que sur presque toute l'étendue du service il y a des longueurs plus ou moins considérables qui auraient eu droit à recevoir des dotations sur les fonds extraordinaires de diverses natures qui ont été accordés aux routes, et qui n'en ont pas reçu, ce dont on ne doit d'ailleurs accuser que les circonstances.

(1) Les dénombrements ont eu lieu tous les jours de l'année, et la nuit comme le jour.

Le personnel de la surveillance est composé d'agents dont aucun n'a d'autre occupation que l'entretien, dont un certain nombre est fort ancien, et avait déjà fait ses preuves de spécialité que ses confrères du reste de la France n'avaient pas même encore débuté dans la carrière. Celui de la direction l'est d'un chef qui a passé sa vie à étudier la matière, et d'un certain nombre d'ingénieurs qui, grâce à la position dans laquelle ils se sont trouvés, ont pu acquérir en moins de temps passablement d'expérience, dont plusieurs d'ailleurs y sont déjà attachés depuis une huitaine d'années. Il semble donc qu'en bonne conscience, et avant même de connaître l'ensemble des raisons qui font aujourd'hui la grande utilité de cette création, on peut difficilement méconnaître que, s'il y a au monde des routes qui aient la chance d'être bien dirigées et bien surveillées, ce sont celles qui y sont affectées; que, par conséquent, s'il en est qui y soient en souffrance, cela doit être dû à des causes étrangères à ce personnel, et même à des causes bien graves, puisque, malgré ses avantages, il ne peut en triompher.

Dans chacun des sept départements sur lesquels s'étend le service, la viabilité a passé par des phases fort diverses. Cela tient à un certain nombre de circonstances dont il suffit d'énoncer les deux principales, d'autant mieux que chacune eût pu à elle seule produire ce résultat. Elles consistent en ce que, d'une part, les crédits, de l'autre les accroissements de tonnage, ont été très-variables. Grâce aux augmentations que l'administration a fait depuis peu subir aux premiers, cette viabilité commence à gagner notablement; mais sur plusieurs de ces départements elle aurait besoin que ces augmentations fussent beaucoup plus fortes. En général, les critiques que nous paraît appeler la situation actuelle, sont celles-ci :

1.º La route, sur la plus grande partie de son étendue, ne reçoit pas assez de matériaux ; 2.º sur une plus grande partie encore elle n'a pas assez de main-d'œuvre. Il résulte de ces deux graves défauts que, comme un des principes les plus importants et aussi les plus délicats de l'art de l'entretien est de régler le choix et l'application des méthodes sur la comparaison des besoins et des ressources, les ingénieurs sont obligés de diriger les travaux en conséquence, et, par suite, de recourir à des expédients, à des moyens que souvent, dans l'intérêt immédiat de la circulation, ils devraient écarter, parfois même proscrire ; 3.º la spécialité de la surveillance journalière, bien que généralement supérieure de beaucoup à ce qu'elle est dans le reste de la France (1), bien que s'améliorant d'ailleurs constamment, laisse encore notablement à désirer, surtout dans les cas malheureusement trop nombreux où l'insuffisance des ressources exige, comme nous venons de le dire, la modification des pratiques ; 4.º sur d'assez grandes longueurs les pavages situés en rase campagne devraient être convertis en empierrement ; beaucoup déjà l'ont été ; mais dans les endroits où ils sont le plus abondants on ignore s'ils le seront jamais ; à notre avis, c'est une chose fâcheuse (2) ; 5.º sur un certain nombre de points, des pentes beaucoup trop rapides auraient besoin d'être rectifiées ou adoucies ; 6.º enfin, d'assez grandes étendues, le plus souvent bordées de rochers, sont encore privées de fossés et de cette forme, de cette direction, nettement arrêtées et dessinées que l'on aime tant à voir aux routes.

(1) Les agents chargés de cette surveillance n'ont pas d'autre occupation que l'entretien ; presque tous les principaux ont au moins une dizaine d'années d'expérience acquise sous des chefs très-exercés ; un certain nombre en a quinze, vingt, et plus.

(2) Cet objet et celui qui le suit ne concernent pas le service d'expériences ; ils sont dans les attributions du service ordinaire.

Nous ne voyons, pour remédier à ces défauts, que trois choses : d'abord, un accroissement plus ou moins fort de la plupart des crédits ; ensuite, le temps, la durée qui, pour une foule d'objets, l'expérience entre autres, exige de longues années ; enfin, l'adoption de quelques nouvelles mesures.

§ 16. — A diverses époques, plus ou moins distantes les unes des autres, le chef du service a jugé à propos, et le plus souvent s'est vu forcé d'y faire des enquêtes. Dans toutes, il s'est adressé aux maires et adjoints, aux maîtres de poste, aux relayeurs, aux directeurs de messageries et de maisons de roulage, aux aubergistes, etc., etc., etc., en deux mots, aux personnes qui, par leurs fonctions, leur profession ou leur position sociale, étaient le mieux à même de savoir comment les choses s'y passaient, et quels résultats y avaient été obtenus. Or, comme leur témoignage pouvait d'autant moins être suspecté de partialité qu'il n'en connaissait aucune ou presque aucune, il en est résulté sur l'état de la viabilité à ces différentes époques, des documents d'une incontestable autorité.

Eh bien ! ces documents sont venus constamment confirmer les rapports de ce chef ; presque toujours ils ont été très-flatteurs, et parfois des plus élogieux pour le personnel du service. Nous en avons, on s'en souvient peut-être, cité dans nos écrits quelques fragments.

2.ᵐᵉ SECTION.

CÔTÉ MORAL.

§ 17. — On a vu que la création et le prolongement du service d'expériences avaient été plus ou moins pénibles à quelques personnes, mais que dans un seul département une hostilité véritable s'était constamment maintenue ; qu'elle avait même fini par prendre un caractère qui avait mis son chef dans la nécessité de rédiger et de publier cet opuscule. Le moment est venu de préciser davantage, sans toutefois pécher en rien contre la réserve et la discrétion. Suivons l'ordre des faits.

Contrairement à ces personnes, les administrateurs des départements directement intéressés ont généralement vu ces mesures avec plaisir, quelques-uns même avec une grande satisfaction, qui s'est encore accrue par la lecture des enquêtes que nous leur avons envoyées. Ils y ont en effet acquis la preuve des heureux résultats produits par la suppression des répandages généraux, aidée d'abord d'une surveillance beaucoup plus active et surtout plus spéciale, ensuite d'une main-d'œuvre rendue de plus en plus analogue à celle des artisans, c'est-à-dire acquérant elle-même la spécialité. Cependant, deux d'entre eux, sur quatorze, leur ont été plus ou moins opposés ; mais nous avons des raisons de croire que, sans l'hostilité dont nous venons de parler, un seul eût été dans ce cas, et encore uniquement par suite de malentendus, qui heureusement ont disparu.

Quant aux conseils généraux, ils s'en sont peu occupés, et sur soixante-huit sessions que, depuis la création du service, ils ont tenues dans les sept départements qu'il traverse, il n'en a été fait mention que dans quelques-unes. Dans plusieurs de celles-ci il en a été fait l'éloge, mais dans les autres, au nombre de trois, qui toutes appartiennent au département auquel nous avons fait allusion, il a été plus ou moins fortement critiqué, et c'est contre un vœu émis dans la dernière que nous avons particulièrement à le défendre. Ajoutons que l'année dernière il y en a eu un autre où cet exemple a été suivi ; mais que la forme du doute sous laquelle ce vœu a été formulé, établit entre leur caractère une différence fort grande.

Dans la discussion à laquelle nous allons nous livrer, non seulement nous nous abstiendrons de toute désignation, mais encore nous mettrons à l'écart les personnes et les intentions. Nous ne nous occuperons que d'une chose, c'est de rechercher, comme du reste tout le monde en a le droit, et particulièrement celui qui a été mis en cause, s'il n'y aurait pas erreur dans les considérants de cet acte ou dans cet acte lui-même, et peut-être dans tous deux.

Voici en quels termes il a été conçu :

« Sur la proposition de. . . . .
» la commission. . . . .
» Considérant que le service d'expériences, confié à M. X.
» sur les routes royales N.^{os} A et B, ne paraît point offrir
» des résultats supérieurs à ceux qu'on aurait pu attendre
» des procédés ordinaires ;
» Qu'au surplus, des épreuves qui se continuent depuis
» onze ans doivent être aujourd'hui définitivement appré-
» ciées ;
» Qu'enfin la résidence de M. X., éloignée des lieux d'ex-
» périences, est un obstacle à la surveillance qui serait né-
» cessaire de sa part ;
» Le conseil général, en reproduisant ses précédentes
» manifestations, exprime de nouveau le vœu *le plus for-*
» *mel* que les routes royales A et B soient replacées, *sans*
» *aucun ajournement,* dans le service ordinaire. »

Quatre assertions y sont nettement formulées :

La première, que le service d'expériences n'offre pas de résultats supérieurs à ceux des procédés ordinaires ;

5

La seconde, que des épreuves qui se continuent depuis onze ans doivent être définitivement appréciées;

La troisième, que la résidence du chef de ce service est, par son éloignement, un obstacle à sa surveillance;

La quatrième, que l'administration doit accéder, *sans aucun ajournement*, au vœu *formel* du conseil.

Examinons-les successivement :

§ 18. — *Supériorité ou inferiorité des résultats.* — On a vu dans le cours de cet écrit que, parmi les personnes compétentes, il n'y a qu'une commune voix sur la bonté du système appliqué au service d'expériences; que l'administration en a fait passer les principales prescriptions dans ses circulaires; que, dans ses relations avec l'auteur de ce système, elle lui a exprimé, en termes aussi élogieux que formels, sa satisfaction, et l'a encouragé à poursuivre ses investigations; que c'est par les principes et les méthodes qui le constituent que la méthode ordinaire, *celle de ne pas entretenir les routes*, a enfin fait place à des procédés rationnels, etc., etc. Et voilà une assemblée, entièrement étrangère aux connaissances sans lesquelles il est complètement impossible d'apprécier les faits, les principes, les doctrines, qui met tout cela à néant! Et ce qui n'est pas moins étrange, cela a lieu dans un département où le délégué de l'administration, le premier magistrat de la contrée, avait écrit au chef de ce service : « *Je ne me permettrai point d'indiquer à un ingé-* » *nieur, maître comme vous dans la science de l'entretien des* » *routes, ce qu'il y aurait à faire, etc.;* » dans un département où les enquêtes font foi que, sur les routes affectées au service dont il s'agit, la viabilité laisse peu de chose à désirer !

Maintenant, qu'a entendu cette assemblée par ces mots : *procédés ordinaires?* Seraient-ce par hasard les répandages

généraux , répandages qui , avant la création dont il s'agit ,
y étaient d'un bout à l'autre adoptés , enracinés? c'étaient-
là en effet les procédés ordinaires. Seraient-ce la rareté de
la surveillance et son absence complète de spécialité, qui
toutes deux étaient dans le même cas? c'étaient-là en effet
les procédés ordinaires. Serait-ce la manière dont encore ,
il y a trois ans, on traitait une des routes les plus importantes du département (1), et même plusieurs? c'était, de
tous les procédés ordinaires , le pire.

§ 19. — *Opinion que des épreuves qui se continuent depuis onze ans doivent être définitivement appréciées.*

Une première réflexion se présente tout d'abord à la lecture de ce considérant; c'est que, puisque malgré tous les
efforts , tant directs qu'indirects , dirigés , dès l'origine , contre le service d'expériences, l'administration a cru devoir le
maintenir, c'est une présomption assez forte que l'appréciation dont il s'agit a eu lieu, et qu'elle lui a été favorable.
De fait , cette présomption avait été changée en certitude,
et cela non seulement par le langage formel de cette admi-

(1) Voici le tableau qui a été publié de cette manière :

« Matériaux de qualité tout-à-fait supérieure. Route éminemment mal
» tenue ; répandages généraux de sept à huit cents mètres de longueur sur
» six à sept mètres de largeur.

» Fortes ornières sur les accotements. L'ingénieur qui conduit le ca-
» briolet dans lequel je suis est forcé de l'y placer , et, pour éviter ces ré-
» pandages généraux , nous suivons pas à pas le roulage.

» Sur quelques points, des mètres entiers de matériaux cassés sont pla-
» cés au travers de ces accotements pour contraindre la circulation à pas-
» ser au milieu. S'il ne leur arrive pas de temps à autre d'être cause , pen-
» dant la nuit, que des voitures y versent ou y éprouvent des accidents ,
» il y a bien du bonheur. Mais passons vite, car il est des tableaux tel-
» lement hideux que l'on aurait tort de s'y arrêter. » .

Depuis que cette description a été publiée et communiquée à qui pouvait le mieux remédier au mal, les choses , sans changer entièrement, se
sont beaucoup améliorées ; mais comment? en se rapprochant fortement du
système du chef du service d'expériences ?

nistration, §§ 8 et 9, mais encore par le texte même de ses circulaires.

Une seconde vient ensuite, c'est que si la viabilité des routes affectées à ces épreuves est satisfaisante, et les enquêtes ont fait foi qu'elle l'est, on ne voit pas à quel propos elles seraient, de la part du conseil général, l'objet d'une désapprobation, et surtout d'une désapprobation publique ; on le voit d'autant moins, que le délégué de l'administration dans le département, pouvant dans ses rapports avec elle lui exprimer sa propre opinion et celle de ce conseil, une démarche de ce genre ne semble avoir pour but que d'exercer sur elle une influence de contrainte. Et certaines expressions du 4.me considérant ne sont pas de nature à en éloigner la pensée.

§ 20. — *Éloignement de la résidence de l'ingénieur.*

Cet éloignement n'a pas empêché qu'à l'époque, bien plus pénible qu'aujourdhui, où la viabilité était si défectueuse, et où tout était à organiser dans le service d'expériences, cet ingénieur n'ait trouvé moyen de bien remplir sa mission. Un éloignement double et même triple ne l'a pas empêché d'atteindre également ce but dans une partie tellement mauvaise et difficile à traiter, que l'on croyait impossible de la maintenir passable tant qu'elle ne serait pas pavée. La raison en est fort simple, c'est que la tâche essentielle d'un chef de service est d'être administrateur, organisateur, et que, lorsque ce service doit, par la nature même de son but, embrasser du nord au midi une grande étendue, c'est surtout à ces qualités qu'il doit demander le moyen d'en diriger convenablement la tenue.

Si cet éloignement, qui est, répétons-le, une des conditions mêmes de la mission, ou plutôt des diverses missions qu'il a à remplir (voir le chapitre suivant) , pouvait donner lieu à des plaintes fondées, ce ne serait évidemment pas du point où elles partent qu'elles devraient venir.

Au surplus , les instructions prescrivent aux ingénieurs en chef une tournée annuelle : or, quand les circonstances l'ont exigé , c'est-à-dire quand à une viabilité plus ou moins compromise se trouvait jointe l'absence sur les lieux en souffrance de collaborateurs et d'agents de surveillance assez expérimentés pour qu'il pût se borner à agir de loin sur eux , il ne s'est pas fait faute d'y en faire deux , même trois ; et dans plusieurs départements dont celui en question fait partie , jusqu'à quatre (1).

D'ailleurs , ne serait-il pas étrange de supposer qu'après que cet ingénieur a suffi à la tâche quand elle était hérissée de difficultés , à tel point , qu'ainsi qu'on l'a vu dans ses écrits , des gens très-compétents lui prédisaient , dans les salons mêmes de l'administration , un échec complet , il n'y pût plus suffire quand ces difficultés ont disparu , et que son état de santé , ses facultés et son expérience sont plus satisfaisants ?

§ 21. — *Vœu le plus formel et sans aucun ajournement.*

L'examen de ce passage n'étant pas du ressort de notre spécialité , nous nous bornerons à hasarder à son sujet , sans y tenir du reste, l'opinion que pour un commandement , une injonction , cette manière de s'exprimer serait peut-être un peu sèche et sévère. Conviendrait-elle mieux à certains vœux ? Ce n'est pas à nous d'en juger.

(1) Les fatigues de corps et d'esprit qu'il a éprouvées à cette époque avaient complètement détruit sa santé , et ce n'est pas sans peine qu'aidé des encouragements de l'administration il est parvenu à la rétablir.

§ 22. — Considérons maintenant l'acte en lui-même.

Si le droit de légitime défense n'est pas un vain droit, on pensera sans doute que, quand des manifestations rendues publiques par la presse, et devenues encore plus imposantes par leur répétition et leurs expressions, ont jeté du discrédit sur un fonctionnaire, sans même qu'on lui ait donné à leur sujet des éclaircissements ou demandé des explications, il doit être permis à ce fonctionnaire d'en exprimer, publiquement aussi, sa surprise et son opinion. Il nous le sera donc de dire qu'à nos yeux celles dont il s'agit sont peu convenables, erronées et injustes. Elles sont peu convenables, parce que lorsque la culture d'un ordre de connaissances et les mesures qui en dépendent sont du ressort d'une autorité, il sied mal à une autre autorité, qui y est plus ou moins complètement étrangère, de s'immiscer dans ces mesures, et surtout d'en mettre une à l'index. Elles sont erronées, parce qu'il est notoire que le système qu'elles ont pour objet de déprécier est précisément celui qui sert de base aux instructions, aux circulaires de l'administration. Elles sont injustes, d'abord envers cette administration, parce qu'en créant et maintenant ce service elle a fait une chose des plus avantageuses à la contrée qu'il traverse, à l'ensemble du royaume, à l'art et à la science, ensuite à l'ingénieur à qui elles ont porté et continuent de porter préjudice, parce que cet ingénieur est, et à beaucoup près, de tout le corps dont il fait partie, celui qui a consacré le plus de temps, d'efforts et de sacrifices à l'examen des questions d'entretien de routes et de roulage, qui y a détruit le plus d'erreurs, découvert le plus de vérités, répandu avec le plus de zèle la notion des unes et des autres, en deux mots, le plus fait pour la branche de connaissances à laquelle ces questions, ces erreurs et ces vérités appartiennent ; et elles le sont d'autant plus, que de tous

les actes qui en méritent la qualification , aucun n'y a plus
de droit que ceux dont l'effet est de blesser la réputation ,
les intérêts de quelqu'un qui n'a pour se défendre que des
moyens sans force ou illusoires. Car on ne supposera peut-
être pas qu'un discrédit infligé , et encore nommément , par
une assemblée dont les délibérations sont connues de toute
la France , puisse être affaibli d'une manière appréciable
par le tardif appel d'un individu isolé , qui , dans un opuscule que quelques personnes à peine liront , s'élève contre
cet acte , et encore avec assez de réserve , pour qu'en raison
de l'absence de tout nom , des recherches seules en puissent
indiquer l'auteur.

Considérants et vœu se résument donc dans ce tableau :

D'un côté une assemblée exerçant un pouvoir dans l'état ,
et dont aucun membre n'est individuellement responsable ,
exprime publiquement chaque année , et de façon à être
entendue de tous , des manifestations peu flatteuses pour un
fonctionnaire , nommément désigné par elle ;

De l'autre , un individu isolé , c'est ce fonctionnaire , qui
a consacré une longue carrière à des investigations aussi heureuses que persévérantes sur un des arts les plus utiles à la
société , qui a reçu à cet égard de son administration des témoignages de satisfaction des plus explicites , qui a affecté et
affecte une partie de son avoir à des recherches et à des publications incessantes sur cet art , publications qu'il distri-
bue en majeure partie dans son corps , dans la presse et
parmi les autres personnes éclairées qui s'occupent du sujet;
un individu qui depuis de longues années donne au travail
au moins douze heures par jour , qui , par l'énergie de son caractère , la franchise et l'indépendance de son langage , a fait
pénétrer des vérités très-importantes et détruit beaucoup
d'erreurs ; un individu à qui l'assemblée dont il s'agit au-

rait dû voter des remercîments, car c'est lui qui a expulsé du département qu'elle représente la lèpre des répandages généraux, de l'abandon des cantonniers à eux-mêmes, de l'absence complète de spécialité.

Tout ce que peut faire pour sa défense cet individu dont la voix est trop faible pour être entendue de beaucoup de monde, c'est de répéter à satiété les faits (1), de les répéter assez souvent pour que ceux qui, probablement à leur insu, les dénaturent et induisent l'opinion en erreur, ne le fassent pas long-temps avec succès ; c'est d'en appeler de ces manifestations à l'équité et à la loyauté de l'administration qui a créé le poste qui l'y expose, au bon sens de tous les esprits droits et honnêtes, à la conscience même de ceux de qui elles émanent.

Il nous reste à insister, et en termes très-explicites, sur la cause seconde de l'erreur de ce vœu : la cause première est, comme on l'a vu, le mécontentement primitif et permanent qui a accueilli la création.

Si chacun des membres qui y ont pris part, nous entendait, nous, étranger à sa profession, trancher, décider sur des questions importantes de son ressort, critiquer même ceux qui y seraient le plus versés, il ne manquerait pas de nous rappeler les vieilles maximes : *Ne sutor ultrà crepidam. — Fit fabricando faber. — A chacun son métier, les vaches en sont mieux gardées. — M. André, faites des perruques*, etc....., et il aurait raison ; car il n'est sorte

___

(1) Si quelqu'un était porté à désapprouver cette répétition, nous lui rappellerions qu'une longue expérience a appris que c'est la seule manière de hâter le triomphe de la vérité, et nous ajouterions que la routine et les préjugés le savent bien, car ils ne cessent de nous la reprocher ; que par conséquent nous devons y persévérer tant que, parmi les personnes influentes, nous aurons des adversaires plus ou moins nombreux, plus ou moins à craindre.

d'énormités dont on ne se rende coupable quand on veut traiter de matières que l'on ne connaît pas. Peut-être même il nous citerait, et il aurait encore raison, une petite anecdote qui nous revient en mémoire et que voici :

Deux villageois complètement illettrés, discutant sur une locution, eurent l'idée de faire vider leur débat par un passant dont la mise et la physionomie leur inspirèrent toute confiance; ce passant était M. de Fontenelle. Suivant l'un on devait dire : J'allons boire ; suivant l'autre : Je vous boire. — Mes amis, leur répondit l'académicien, dites : Menez-nous boire.

Et, en effet, si nous nous avisions de parler de ces professions, il nous échapperait à chaque instant des *j'allons boire*, des *je vous boire*.

Il n'est pas hors de propos d'ajouter qu'un certain nombre de ces membres croyaient, et probablement croient encore que le chef du service est un entrepreneur qui a traité à forfait de l'entretien de la route. Voilà, il en faut convenir, des personnes bien renseignées, bien édifiées pour prononcer sur ce service et sur ce chef.

§ 23. — Nous avons dit que, l'année dernière, une démonstration analogue à celle dont nous venons de rendre compte, avait eu lieu dans un autre département, avec cette différence toutefois qu'elle s'est produite en termes pleins de réserve.

Sans méconnaître qu'elle a été évidemment encouragée par l'expression et surtout par la persévérance de celle-ci, nous ne saurions taire qu'elle a été excitée par certaines personnes, et plus particulièrement par une dont le langage et la tenue des routes, quand nous les avons prises, dénotaient au plus haut degré l'absence de spécialité en matière d'entretien et de roulage (1). Malgré le voile dont nous couvrons nos paroles, nous croyons ne pas devoir en dire davantage sur ce point. Quelque enclin que nous soyons à mettre le mieux possible en lumière les faits qui peuvent intéresser notre mission et nos titres, il en est dont nous ne parlons, et sur lesquels surtout nous ne nous arrêtons, que quand on nous y force.

Le chapitre suivant achèvera de faire apprécier le degré de convenance ou d'utilité de ces levées de boucliers.

(1) Cette personne, au mérite de laquelle nous sommes le premier à rendre justice, a consacré sa vie à l'étude et à la pratique des travaux d'art; elle leur doit même une fortune. Rien donc d'étonnant à son manque de spécialité en matière d'entretien de routes et de roulage; on ne peut tout réunir. Nous regrettons toutefois qu'elle nous ait contraint d'en dire un mot, et nous désirons sincèrement n'avoir plus besoin d'y revenir.

CHAPITRE III.

RAISONS D'ÊTRE.

SOMMAIRE.

Les institutions d'une grande valeur finissent souvent par offrir beaucoup plus d'avantages que l'on ne s'y était d'abord attendu. — Service d'expériences créé pour expérimenter un système, devenu un instrument de propagation, puis un d'investigations pour la solution des problèmes, puis un d'unité de principes et de méthodes, puis un d'opposition au retour des mauvaises habitudes, puis un d'émulation, qui pourrait être encore bien plus fructueux. — Attaques dont il a été l'objet ne sauraient être imputées à ce que son chef n'a pas la spécialité de sa fonction. — Leur explication.

§ **24.** — Il arrive souvent que les créations d'une grande portée possèdent ou acquièrent des avantages plus nombreux et plus importants que celui où ceux qui les avaient fait adopter. Le service d'expériences en est un exemple.

Établi d'abord, et, répétons-le, conformément à l'avis unanime du conseil général des ponts-et-chaussées, pour mettre à l'épreuve sur une grande échelle les procédés, la manière de faire, le système en un mot, d'un ingénieur qui avait réussi sur une petite, il s'est peu à peu montré capable d'utilités plus grandes; et l'administration n'a pas manqué d'en profiter.

Au moment où cette administration jugea à propos de réunir au premier champ d'essai la route de Lyon à Marseille, le chef de ce service lui exprima le désir de n'avoir pour collaborateurs que quelques ingénieurs choisis par lui, et qui, comme lui, auraient été affectés uniquement à l'entretien. Mais elle eut l'idée, en lui annonçant son intention bien arrêtée de chercher par tous les moyens en son pouvoir à propager ce système, de lui demander, dans le but de placer sous ses ordres un plus grand nombre de ces ingénieurs, s'il ne pourrait pas opérer avec ceux attachés à chaque localité. Il répondit affirmativement, tout en déclarant que la tâche serait plus difficile, qu'elle lui donnerait beaucoup plus de peine.

Cette création devenait donc, non plus seulement un moyen d'essai de système, mais un élément, un instrument de propagation. Et il n'est personne aujourd'hui qui ne sache que cette intention a été pleinement couronnée de succès. Faisons un pas de plus.

§ 25. — Les nombreuses controverses qui avaient eu lieu sur les questions d'entretien et de roulage ayant prouvé que l'ordre de connaissances d'où doivent sortir les solutions de ces questions était encore dans l'enfance, le ministre se fit un plaisir et un devoir d'adresser au chef du service des encouragements et de lui tenir le langage que nous avons cité § 9. Voilà donc à cette création une troisième mission, celle de continuer à procéder aux investigations qui seules peuvent conduire à ces solutions. Poursuivons.

§ 26. — L'expérience a prouvé maintes fois qu'il suffit souvent que l'on enlève un ingénieur à un arrondissement pour qu'en peu de temps les routes de cet arrondissement changent de face. Or, d'après l'organisation établie sur la création dont il s'agit, cela n'y saurait avoir lieu; et il en résulte que la viabilité n'y peut être plus ou moins compromise par cette cause, ainsi que cela n'a lieu que trop fréquemment ailleurs. Mais , sur toutes les directions qui joignent de grands centres , et surtout les premières villes d'un royaume où règne une grande activité commerciale , il est bien essentiel qu'il y ait le moins de chances possible aux détériorations de viabilité. Mais il ne l'est pas moins que l'unité et l'harmonie dans la manière d'exécuter les travaux y soient assurées , comme aussi qu'un chef expérimenté y veille à ce que ce soient toujours les meilleures méthodes qui y soient suivies.

Ainsi donc pour quatrième mission , et l'une des plus importantes : *mise de la viabilité à l'abri des inconvénients résultant des mutations d'ingénieurs d'arrondissement et de département ; adoption constante des meilleures méthodes , établissement et maintien , sur toute la longueur des grandes directions, de l'unité et de l'harmonie dans l'exécution des travaux , dans la tenue de tout le service.*

§ 27. — L'histoire fait foi qu'il est peu de choses plus difficiles à vaincre que les habitudes , et que, quand on en a arraché qui étaient profondément enracinées, si l'on n'a pas le soin de maintenir pendant de longues années contre elles l'usage des moyens que l'on a employés pour les extirper, elles reparaissent souvent, et parfois même au moment où on les croyait le mieux détruites (1). Or , sur toute la ligne affectée à cette création, il y en avait un certain nombre de fort mauvaises, et sur quelques points de déplorables.

Ainsi, pour cinquième tâche, d'autant plus utile, qu'outre son action directe sur toute l'étendue de cette ligne, elle en a une indirecte sur les autres voies des départements

___

(1) Quoi de plus réprouvé aujourd'hui que les répandages généraux ! Et pourtant il s'en fait encore une telle quantité (voir au chapitre 4 la note du 2.º du § 35 ; voir aussi notre brochure de mai 1843 , page 30) , qu'ils coûtent chaque année à l'administration des postes , pour indemnités à ses relayeurs , une somme de deux millions.

qu'elle traverse, *permanence d'opposition au retour des préjugés, de la routine, des mauvaises habitudes.*

§ 28. — Chacun ayant la liberté, le public comme les ingénieurs, les ingénieurs comme le public, d'aller examiner telles routes que bon lui semble, le chef du service ne se fait pas faute d'en user. Or, quand c'est à l'égard de celles des départements dont les siennes font partie qu'il agit ainsi, ses confrères en sont instruits, d'autant mieux que jamais il ne s'en cache. C'est donc pour eux un motif évident d'émulation, de même que les visites qu'eux-mêmes rendent aux siennes, en sont un pour lui. C'en est un aussi pour leurs agents. Sans doute, il peut arriver que cette manière de faire ne soit pas approuvée de tout le monde ; mais, comme elle ne saurait qu'être utile, qu'elle n'a rien en soi que de loyal et de sujet à réciprocité, qu'employée surtout avec la convenance qu'y appporte ce chef, elle n'a que de bons côtés, elle doit être considérée comme une sixième tâche non seulement déjà digne d'intérêt, mais encore susceptible d'en acquérir un fort grand.

§ 29. — Il est clair que, même dans un ordre de connaissances avancé, ces raisons d'être seraient, pour tout établissement, un motif de légitimité bien établi et amplement suffisant. Combien donc ne le sont-elles pas mieux à l'égard d'un ordre que toutes les personnes qui y sont versées conviennent être dans l'enfance ! Quant à nous, leur bonté nous semble si péremptoire, qu'il nous semble difficile que tôt ou tard elle n'amène pas d'autres établissements du même genre.

L'une d'elles plus particulièrement nous a depuis longtemps frappé. Qui pourrait, en effet, en présence de cette enfance, méconnaître la nécessité d'au moins un foyer spécial renfermant les principaux éléments susceptibles d'influer sensiblement sur la solution des problèmes, et entre autres les différences et les variétés de climats, de matériaux, de fréquentation, de terrains, d'habitudes?

Si l'on a quelque peu présent à l'esprit le tableau général que nous avons donné dans le chapitre 1.er (3.me section) de l'état passé et présent de l'art, on doit se faire aisément une idée du nombre et de l'utilité de ces problèmes. Mais il ne sera peut-être pas hors de propos de rappeler par une citation les difficultés qu'ils présentent (voir notre brochure de février 1837, page 158).

« Il y avait dans l'hippodrome un cheval qui renver-
» sait et estropiait tous ceux qui essayaient de le dompter.
» Alexandre qui l'observait, ayant saisi comme il le fal-
» lait prendre, le monta et le mania comme on aurait fait
» d'un cheval ordinaire. Voici comme il s'y prit : il s'était
» aperçu, et là était tout le mérite, que l'ombre du ca-
» valier l'épouvantait ; il s'étudia donc à le manœuvrer
» d'abord en lui évitant cette ombre, puis en la lui faisant
» entrevoir, enfin, en la lui montrant toute entière : par
» cet expédient, fort simple il est vrai, mais qu'il fallait
» découvrir, il le dompta.

» Dans toutes les connaissances il y a, pour arriver
» aux mille et mille vérités dont elles se composent, des
» expédients de ce genre à trouver ; souvent c'est le hasard
» qui les fait découvrir, d'autres fois c'est la perspicacité,
» plus souvent encore le labeur. Tant qu'un expédient
» n'est pas trouvé, l'erreur qui tient la place de la vérité
» qu'il recèle paraît naturelle et simple ; elle paraît si na-
» turelle et si simple, qu'elle est adorée par tout le monde :
» est-il découvert, on la bafoue, plus personne ne l'a en-

» censée , même connue. Dans le trait que je viens de rap-
» peler , il est à croire que si Alexandre eût dit son mot ,
» il n'eût trouvé que des gens qui l'auraient deviné comme
» lui , même peut-être parmi ceux qui s'étaient fait estro-
» pier.

» L'entretien des routes est comme les autres connais-
» sances : chaque vérité dont il se compose a son expé-
» dient, chaque vérité dont il se compose rappelle le che-
» val d'Alexandre ou l'œuf de Christophe Colomb. »

§ 30 — Malgré leur évidente justesse , les raisons que
nous venons d'exposer laissent encore , nous en convenons ,
quelques nuages sur la position actuelle et les chances d'a-
venir du service qui en est l'objet. Cela tient à ce que quelques questions, qui ont besoin d'être examinées explicite-
ment et nettement , ne l'ont encore été qu'implicitement et
vaguement. Allons-leur donc au-devant , et n'oublions pas
que les questions bien posées sont à moitié résolues.

Elles peuvent se résumer dans les deux suivantes que
nous traiterons dans l'ordre où elles vont être énoncées.

1.re QUESTION. — *Les attaques dont le service d'expériences est l'objet ne pouvant s'expliquer par le manque de
convenance ou d'opportunité d'une création dont l'état patent
de l'art d'entretenir les routes rend la nécessité évidente , ne
seraient-elles pas dues à ce que le chef de ce service n'aurait
pas la spécialité de sa fonction? Le fait que la viabilité y
laisse plus ou moins à désirer sur une partie de son étendue,
fait que ce chef avoue tout des premiers , ne viendrait-il pas à
l'appui de cette conjecture ?*

2.me QUESTION. — *Si cette hypothèse n'est pas fondée,
comment expliquer ces attaques , et notamment la persévérance*

de quelques - unes ? Quelles conjectures peut-on former sur le degré d'intérêt que l'administration porte à ce service ?

Dans l'examen auquel nous allons nous livrer nous tâcherons, comme nous l'avons constamment fait jusqu'ici, de conserver aux faits et aux actes le caractère qui leur est propre, et qu'ils auront à toujours, fussent-ils vieux de plusieurs siècles.

§ 31. — *Le chef du service a-t-il la spécialité de sa fonction ?*

Il n'y a., en quelque ordre de connaissances que ce soit, qu'une manière d'acquérir la spécialité; c'est de se mettre sans cesse et pendant des années aux prises avec les difficultés, de manier et remanier chaque jour les mêmes matières, les mêmes questions, de les tourner et retourner sur toutes leurs faces, d'aller toujours au-devant des controverses qu'elles peuvent faire naître, en attaquant les opinions que l'on croit fausses, quand ces opinions sont en crédit (1). Or les faits sont là, et ils sont patents. En ce qui concerne l'entretien des routes et ses rapports avec le roulage, quel ingénieur a jamais fait, à beaucoup près, tout cela au même degré que ce chef? quel en a jamais eu même l'occasion, et par conséquent la possibilité? quel a eu à lutter contre autant et de si grands obstacles, contre des adversaires aussi distingués? Il est vrai qu'aujourd'hui qu'il a surmonté ces obstacles que pourtant l'on disait insurmontables, qu'aujourd'hui qu'il a rempli cette tâche qu'un chef qui s'y connaît appelait une œuvre de dévoue-

(1) S'il fallait combattre tout ce qui se publie d'erroné sur une matière où l'on est spécial, on n'y pourrait suffire. Quand on a fait ses preuves, on n'est tenu de réfuter les erreurs que quand on a des raisons de craindre qu'elles ne finissent par envahir l'opinion; hors ce cas, on doit les laisser mourir en paix.

ment, l'on prétend que cela n'avait rien que de facile (1) ; et, comme la plupart des succès peuvent être ainsi amoindris, il ne lui est pas très-aisé de répondre. Mais, en ce qui touche ces adversaires, que lui objecter ? qu'objecter, par exemple, aux deux faits suivants ?

1.er *Fait.* — Depuis une vingtaine d'années, l'administration ne néglige rien pour s'éclairer sur les questions de routes et de roulage. Forte de l'avis presque unanime des ingénieurs, et surtout de ceux de la tête du corps, non moins forte des délibérations des conseils généraux, elle n'a cessé de proclamer la nécessité de la réglementation des charges. Un ingénieur du plus grand mérite, M. Navier, chargé par elle d'étudier avec un soin tout particulier le sujet, tant en France qu'en Angleterre, se livre à cette tâche avec le zèle qu'il mettait à tout ce qu'il faisait ; il se fait aider dans les expérimentations par un ingénieur qui avait le génie de la mécanique, M. Rancourt ; un ouvrage fort remarquable, et qui ne trouve partout que des éloges, qui ne lui attire de la part de tous que de vives félicitations, est la suite de ces efforts. A peine le chef que nous mettons en cause en a connaissance, qu'il en prend lecture, découvre et démontre, dans une brochure dont il répand un grand nombre d'exemplaires (voir son mémoire de janvier **1836**), que la méthode adoptée pour exécuter les expérimentations sur lesquelles repose la théorie qui y est exposée, est éminemment défectueuse ; que les essais de l'ingénieur anglais Mac-Neel qu'elle prend pour appui,

(1) Il serait à désirer que ceux qui prétendent cela cherchassent à réfuter les écrits où l'on prouve leur erreur, et où leur façon de procéder est traitée un peu sévèrement. L'auteur de ces écrits pourrait leur répliquer ; mais cette méthode ne leur va pas ; ils aiment mieux s'en tenir à des propos de conversations, propos pour lesquels ils sont insaisissables.

n'ont pas été compris ; que cette théorie est complètement erronée, etc., etc. ; en deux mots, que l'on ne saurait faire aucun fond sur ce travail.

Si prévenu que l'on puisse être, il serait difficile de contester que cette réfutation n'ait rempli à un haut degré le désir d'être éclairée qu'éprouvait l'administration ; que par conséquent, et bien que les résultats en fussent contraires à ce qu'elle avait présumé, elle ne lui eût donné de la spécialité de cet ingénieur une opinion avantageuse.

2.me *Fait.* — Quelques années s'écoulent, et cette administration, qui ne peut plus s'étayer d'un ouvrage mis en lambeaux, fait appel à d'autres intelligences. Comme la première fois, elle choisit des hommes fort remarquables, MM. Emmery et Morin, qui, en s'appuyant sur quelques essais et opinions de MM. les ingénieurs Bardonnault et Dupuit, procèdent à un autre mode d'expérimentation et à l'édification d'une nouvelle théorie. Que fait alors le chef du service d'expériences ? il prouve que le mode est des plus vicieux, et la théorie tout-à-fait fausse. Mais il ne se borne pas à cela, il demande l'autorisation de faire un voyage en Angleterre, et il en revient avec des faits accablants contre ce travail, comme contre celui qui l'avait précédé. Aussi, voit-on l'opinion publique se modifier rapidement ; et le système de la réglementation, naguère soutenu par tant d'esprits éclairés, abandonné chaque jour par quelques-uns, et repoussé par la commission de la chambre des députés, à l'unanimité même, si nous sommes bien instruit.

Que des personnes oublient ou cherchent à faire oublier ce qu'il peut y avoir eu d'utile pour la société, d'intéressant pour le progrès, de méritoire et de flatteur pour cet ingénieur dans ces succès, nous ne nous en étonnons ni ne

les en blâmons ; chacun ici-bas remplit son rôle , sa fonction comme il l'entend. Mais que cet ingénieur ne les op-
posât pas à ses contradicteurs , qu'il ne les rappelât même
pas plus ou moins souvent , n'y aurait-il pas à cela un peu
trop de débonnaireté? Le fait est que , puisque l'œuvre de ses
adversaires leur a valu , bien qu'ils aient été moins heureux
que lui , suffrages et honneur , il est évident que si ces succès
eussent eu pour effet de faire triompher les doctrines qu'ils
sont venus renverser , ils lui en eussent valu au moins autant ; que surtout il ne se serait pas trouvé dans la nécessité de s'en servir comme d'une égide.

Ajoutons , car cela n'est pas à négliger , qu'ainsi que la
3.me section du chapitre 1.er l'a rappelé , presque toutes
les erreurs et vérités mises en lumière depuis seize ans , et
elles sont nombreuses , l'ont été par lui ; que même les
idées sur le balayage , sur le principe du maximum de
beauté , sur la méthode de calculer l'usure (1) en recueillant
les détritus , ne sont que des extensions de principes et de
procédés publiés par lui. Ajoutons enfin que les instructions émanées de l'administration , et plus d'une des
mesures importantes adoptées par elle , ont emprunté beaucoup à ses ouvrages.

En présence de tous ces faits , et surtout de leur ensemble , peut-on mettre en doute que cet ingénieur n'ait la
spécialité de sa fonction? Cela semble difficile.

Reste à examiner si la défectuosité de viabilité de certaines de ses routes ne pourrait pas être opposée à ces
preuves.

Il prétend démontrer que non , et il le fait de plusieurs

----

(1) Cette usure que l'on ne sait pas encore évaluer , il a trouvé un
moyen fort bon d'en mesurer la hauteur à un demi-millimètre près , et
même à moins.

manières. D'abord, dit-il, il serait sans exemple que la spécialité ne fût pas, toutes choses égales d'ailleurs, le premier élément du succès. Ensuite, il fait voir que celles de ces voies qui sont dans ce cas sont, eu égard aux circonstances dans lesquelles elles se trouvent, beaucoup moins bien dotées que les autres routes de France. Enfin, il montre par des enquêtes que, même sur ces communications, les riverains et autres personnes qui les fréquentent ne donnent que des éloges à la manière dont les cantonniers et les surveillants emploient leur temps, à celle dont l'entretien se fait. Or, devant ces arguments, comment l'objection pourrait-elle se soutenir? Passons à la seconde question.

§ 32. — *Comment expliquer les attaques dirigées contre ce service? Quelles conjectures former sur le degré d'intérêt que lui porte l'administration?*

On a vu précédemment que, par suite de l'état éminemment arriéré de l'art, les répandages généraux, l'absence presque entière de surveillance, le manque complet de spécialité, c'est-à-dire ce que l'on a appelé, avec beaucoup de raison la méthode de ne pas entretenir les routes, étaient, d'un bout à l'autre de la ligne affectée à ce service, la règle de l'époque où il a été établi. Il était donc impossible que bien des mécontentements ne s'attachassent pas à la création qui a renversé tout cela.

On a vu aussi que le seul point où ces attaques présentent un caractère décidé, l'a offert dès l'origine; c'est-à-dire à une époque où il eût suffi des plus simples notions de l'équité pour attendre, avant de blâmer la décision ministérielle, qu'on l'eût vue en exécution. Mais des excitations anti-administratives, dont les intentions, si bonnes qu'on les suppose, n'en étaient pas moins évidemment entachées d'erreurs, ne s'arrangeaient pas de cette attente. Le cachet propre à celles-ci, et que rien ne saurait leur ôter, est l'état d'irritabilité nerveuse qui n'examine pas, n'étudie pas, ne raisonne pas, ne sait que vouloir.

On a vu encore que les raisons d'être de la création dont il s'agit sont, par le fait même de leur nature, dans le cas d'engendrer des indispositions plus ou moins prononcées ; qu'ainsi elle est destinée, d'une part, à empêcher de renaître des préjugés, des routines, des habitudes qui, déjà arrachées par elle, ont cependant conservé de profondes racines, toutes prêtes à repousser ; de l'autre, à porter la lumière sur les questions fondamentales du métier, de l'art et de la science ; enfin, à former une grande unité, un foyer étendu et permanent de pratiques et de théories saines, relatives à la main-d'œuvre, à la surveillance et à la direction, représentants de ce métier, de cet art, de cette science ; qu'elle est confiée à un ingénieur qui a pris part à toutes les controverses, à toutes les luttes de quelque importance qui ont eu lieu sur la matière, qui a fait de cette matière une étude aussi persévérante qu'inusitée, et qu'aucun de ses confrères n'a poussée à beaucoup près au même degré ; qui a depuis douze ans, pour le faire, des occasions et une position qui jamais encore n'avaient existé ; qui, depuis cette époque, en a fait une occupation presque exclusive ; qui, lorsqu'il voit une erreur prendre crédit, n'hésite pas, fût-elle due à ceux pour qui il a le plus de déférence, de respect, même de sympathie, à la prendre à partie, etc., etc. Rien donc de plus naturel que ces attaques.

Mais, c'est une maxime d'une incontestable justesse que du *choc naît la lumière* ; on ne doit donc pas les voir avec peine ; celles-là seules qui ont lieu dans l'ombre, ou par des moyens détournés, peu loyaux, sont regrettables.

Passons aux conjectures sur le degré d'intérêt que l'administration peut éprouver pour ce service.

Quatre faits ont été et sont toujours, à des degrés et en sens divers, les modules de cet intérêt. Les voici :

1.er *Fait.* — Les enquêtes privées faites à différentes époques sur la ligne d'expériences, et adressées à cette administration, ont constamment mis en évidence, non seulement l'exactitude et la bonne tenue de la main-d'œuvre et de la surveillance, mais encore le succès des méthodes employées. Les rapports de beaucoup de voyageurs, le langage d'un certain nombre de députés, les tournées de M. le sous-secrétaire d'état, sont venus les corroborer. Si l'on joint à cela que c'est presque toujours aux investigations du chef de ce service que l'on a dû la découverte des vérités et des erreurs qui ont exercé le plus d'influence sur l'avancement de l'art, on concevra que cette administration a dû être satisfaite, et a pu, d'une part, s'exprimer comme on l'a vu aux §§ 8 et 9 ; de l'autre adopter pour bases de ses instructions ses principes fondamentaux.

2.me *Fait.* — Mais, d'un autre côté, il y a des ingénieurs qui n'ont cessé et ne cessent de déprécier cet établissement, d'affaiblir, par tous les moyens en leur pouvoir, les titres de celui qui en a la direction, qui, profitant de ce qu'ainsi qu'on l'a vu, une partie de ses routes laisse beaucoup à désirer, disent et répètent qu'il ne fait pas mieux que les autres, qu'il n'a rien trouvé qui ne fût déjà connu, que si, ce qui est douteux, cette création a pu être un moment convenable, légitime, elle ne l'est plus aujourd'hui, etc., etc... Sans doute, comme ceux qui tiennent ce langage ne le font pas de manière à ce que celui qui en est l'objet puisse les réfuter, ce qui est peu compromettant, que d'ailleurs ils n'ont pas donné des preuves de spécialité bien manifestes, leur autorité en pareille matière ne saurait être grande ; mais le mot de Bazile sur la calomnie se prête à d'autres applications , et l'on peut dire aussi : *Dépréciez , il en reste toujours quelque chose.*

3.me *Fait.* — Nul maintenant n'ignore , surtout depuis la connaissance que l'on a de l'indemnité considérable accordée annuellement par la direction des postes à ses relayeurs, qu'il ne se fasse encore une grande quantité de répandages généraux , et souvent même sur les routes d'ingénieurs qui parlent d'or sur l'entretien ; que , par conséquent, la différence immense qui existe entre le bien-faire et le bien-dire se manifeste dans cet entretien comme en toute autre chose. Or, si , pour un objet aussi simple , l'administration ne peut pas , même au bout d'un certain nombre d'années, empêcher que ses prescriptions ne soient enfreintes sur une foule de points, comment le pourrait-elle pour des objets , les uns plus délicats, les autres d'une exécution moins aisément appréciable, certains d'une importance moindre , ou plus facile à oublier, à négliger ? N'est-il pas évident que , pour tout ce qui concerne ceux-ci , elle ne saurait avoir la moindre sécurité ? Dans cette occurrence donc , elle apprécie à coup-sûr très-bien l'utilité d'un vaste atelier , où presque jamais il ne se commet de ces énormités , et dont les habitudes , l'influence, tendent de proche en proche à faire la boule de neige ; elle n'apprécie probablement pas moins les excursions, les publications , la franchise d'un ingénieur qui , en stigmatisant ces fautes , et en donnant ses écrits à nombre de personnes , tient en haleine ceux qui les laissent commettre , et répand partout la lumière ; elle comprend aussi , bien certainement, que presque tout dans cette tâche est peine, labeur, n'a que de mauvais côtés, et que pour ne la pas abandonner quand il en aurait assez d'autres agréables à sa disposition , il faut la conscience que lui donne son expérience , qu'un grand bien en résulte pour la société. Et ce bien n'est pas moindre pour elle-même qui y puise de l'instruction et des forces.

4.me *Fait.* — Mais parmi les convictions de cet ingénieur, il y en a que cette administration ne partage pas, certaines même qu'elle repousse, que peut-être même elle doit repousser en raison de ce que la grande majorité de ses membres, majorité, il est vrai, généralement peu compétente sur leur objet, lui en donne l'exemple. Or, toutes les fois qu'une occasion favorable de la combattre sur ce terrain s'est présentée, il s'est empressé d'en profiter, persuadé qu'il est que les erreurs sont généralement d'autant plus nuisibles, que c'est par des personnes éminentes, par les chefs surtout, qu'elles sont professées. Il s'en est suivi que la sympathie qu'il lui inspirait sous la plupart des autres rapports a été souvent affaiblie, parfois même compromise, ce dont il n'a pas eu de peine à s'apercevoir, et ce qui n'était pas propre à lui suggérer la pensée de laisser en paix ces erreurs, ce que du moins il croit des erreurs.

Quand, dans une matière ignorée, on s'est fait une spécialité, que surtout on n'y est parvenu qu'en faisant beaucoup plus que personne, on se croit le droit d'y exprimer, comme auteur, tout ce que l'on pense; et, pour peu que l'on ait d'indépendance dans le caractère, on est porté à faire dans ses écrits quelque peu de ce que le pouvoir fait dans ses actes. Celui-ci dit : Cela sera parce que tel est mon vouloir. Ceux-ci disent : Cela ne doit pas être, parce que cela est contraire à la vérité, à l'intérêt général, à la justice, et par telles et telles raisons.

En réalité, ce fait est beaucoup plus compliqué que nous ne le présentons; mais, comme son développement ne changerait rien à notre conclusion, nous croyons pouvoir le réduire à ce qui précède.

Maintenant, que doit-il résulter de l'ensemble de ces faits? Une chose à nos yeux fort simple, qui est dans leur essence et dans la nature même des institutions et des personnes, une chose que chacun prévoit, c'est que l'administration porte certainement au service et à son chef l'intérêt qu'expriment les passages cités § 9 ; c'est qu'elle apprécie toute l'utilité passée et présente, toutes les chances d'avenir de ce service, mais que, malgré ses bonnes intentions, elle ne peut manquer, lorsque l'occasion s'en présente, ce qui n'est pas très-rare, de faire sentir à ce chef que, quand on veut se faire auteur, il est sage, si l'on tient à ses bonnes grâces, de ne pas critiquer ses vues, de ne pas être trop indépendant, trop sincère. Cette tendance a été, est et sera probablement long-temps encore un des caractères inhérents aux administrations, à tout pouvoir.

Cette solution, que nous croyons exacte, pourrait à coup-sûr être meilleure, être empreinte de plus de sympathie, mais elle pourrait aussi être plus mauvaise ; on sait de combien de dires non moins mensongers que défavorables l'autorité et l'opinion sont assaillies à l'égard des novateurs. Or, ce que nous désirons, c'est l'accueil de nos doctrines, vu que nous leur croyons le pouvoir de faire beaucoup de bien. Cet accueil nous paraissant faire journellement de notables progrès, nous la tenons pour bonne.

CHAPITRE IV.

RÉSUMÉ ET CONCLUSIONS.

SOMMAIRE.

Il a été fait, contre le service d'expériences et son chef, une manifestation défavorable dont la nature et les circonstances sont telles, que celui-ci ne pouvait se dispenser d'en démontrer l'erreur. — Elle a causé et continue de causer à ce dernier un préjudice notable, mais elle sera avantageuse au premier. — Ce n'est point aux personnes, mais à l'état arriéré de l'art qu'elle doit être attribuée. — Aperçu des heureux effets de ce service; autres que l'on en pourrait obtenir. — Fautes déplorables qui se commettent encore sur la plus grande partie des routes. — Insuffisance de la plupart des crédits du service d'expériences. — Invention et mise en lumière de tout ce qui a quelque valeur, toujours contestées à leurs auteurs; notions sur celles relatives au sujet. — Voies de communication bien appréciées sous certains rapports, mal sous d'autres. — Grande supériorité des routes; leur utilité pour la propagation, dans les masses, des bonnes idées et des bonnes choses. — Apologue des membres et de l'estomac conduit à la sympathie pour toutes les classes de la société; souvenir du passé bien fait pour concilier la bienveillance à l'élaboration de l'avenir. — Rôle des voies de communications, et surtout des routes, éminemment favorable à l'exercice de cette sympathie, à ce travail d'enfantement. — Erreur des partisans exagérés des chemins de fer. — Service d'expériences très-favorable à ce qui intéresse la bonne viabilité des voies de terre et les questions qui s'y rattachent.

---

§ 33. — Le service d'expériences a été l'objet d'une manifestation désapprobatrice, qui a pour caractères principaux, d'être due à une autorité aussi influente que respectable; d'avoir reçu une grande publicité; d'avoir été renouvelée plusieurs fois, et d'être devenue plus vive la dernière, par suite on dirait de ce que l'administration n'a pas cru devoir, en détruisant son propre ouvrage, l'accueillir;

d'être de nature à en faire naître d'autres , ainsi qu'en effet
cela a eu lieu ; enfin, d'être personnelle et de jeter du discrédit sur les titres que le chef de ce service a su se faire ,
dans une spécialité aussi peu commune qu'éminemment
utile , à la bonne opinion , à la sympathie de ses concitoyens , à la bienveillance de cette administration. Ce chef
ne pouvait donc se dispenser de la repousser ; l'abeille
dont on vient inquiéter la ruche, ne le laisse pas faire sans
s'y opposer.

Quel est l'homme de cœur qui , surtout après avoir consacré sa vie à tirer de leurs langes un métier et un art du
plus haut intérêt pour la société , consentirait à se laisser
ravaler , et , qui mieux est , par des manifestations ayant
ces caractères ? Ce ne pouvait être cet ingénieur , dût sa
franchise lui être plus préjudiciable encore qu'elle ne le lui
a été jusqu'à ce jour. A l'œuvre , dit le proverbe , on connaît l'ouvrier. Ce que chacun vaut se juge par ses œuvres.
A moins de n'être qu'une chose, il faut , quand on les
croit bonnes , le prouver en sachant les défendre , et les
défendre envers et contre tous ; aussi bien envers les autorités les plus éclairées qu'envers celles qui le sont le moins,
aussi bien envers les personnes le mieux intentionnées qu'envers celles qui le sont le plus mal ; sauf , bien entendu , à
apporter dans sa manière de le faire les différences et les
nuances que comportent les critiques , leur caractère et les
circonstances qui s'y rattachent.

Du reste , si ç'a été , pour le chef du service à qui elle a
causé et cause un préjudice notable , une chose fâcheuse que
cette attaque ait eu lieu , ce n'en a point été une pour cette
création qu'elle lui a donné l'occasion de faire apprécier.
Aussi, lui semble-t-il que , bien que l'administration eût
été en droit d'en empêcher le retour , ne fût-ce que pour

protéger son agent qui n'y a été exposé qu'à ce titre, elle a été bien inspirée de n'en rien faire ; aussi, lui semble-t-il que, même aujourd'hui qu'une espèce de levée de boucliers a été la suite de cette tolérance, ce ne serait encore un mal que pour lui, que de la laisser se renouveler, si ses auteurs la croient utile.

Par le temps où nous vivons, il est peu d'institutions ou de personnes en évidence, même parmi celles qui ont le plus de droits à la considération et au respect, que des démonstrations agressives, plus ou moins injustes, ne viennent mettre en cause et tâcher d'abaisser. Mais, en général, celles qui ont réellement beaucoup de valeur en sont trop faiblement atteintes pour en souffrir sensiblement. (1). Mais d'ailleurs c'est une chose si bonne et si belle que l'indulgence, une si mauvaise et si laide que l'intolérance ! combien donc de ces démonstrations n'est-il pas sage de supporter sans s'en offenser !

Par suite de la liberté dont les dispositions hostiles auxquelles nous avons fait allusion dans cet écrit ont usé,

(1) Ne pourrait-on, à ce propos, emprunter à Lefranc de Pompignan la strophe suivante qui, pour n'être applicable à ces institutions, à ces personnes, et encore imparfaitement, que comme le grand l'est souvent au petit, n'en a pas moins l'avantage d'exprimer en un noble langage la manière dont ce qui est vraiment beau, bon ou bien, triomphe des jugements erronés et de l'injustice ?

> Le Nil a vu sur ses rivages
> Les noirs habitants des déserts
> Insulter, par leurs cris sauvages,
> L'astre brillant de l'univers.
> Cris impuissants, fureurs bizarres !
> Pendant que ces hordes barbares
> Poussaient d'inutiles clameurs,
> Le Dieu poursuivant sa carrière
> Versait des torrents de lumière
> Sur ses obscurs blasphémateurs.

le service d'expériences a pu être observé par l'administration sous toutes ses faces. S'il a quelque côté défectueux,
s'il demande quelque amélioration, elle ne peut l'ignorer;
car rien n'est clairvoyant sur le mal comme de telles dispositions.

§ 34. — Après avoir, dans l'avant-propos de cet opuscule, rappelé que l'état grandement arriéré de la branche
de connaissances dont ressort l'entretien des routes est un
fait patent, et que dénotent non seulement le langage des
personnes qui y ont quelque spécialité, mais encore, et surtout, les mésaccords qui existent entre elles, même sur la
plupart des principes fondamentaux, nous avons, dans le
premier chapitre, exposé ce qu'elle était à la fin du siècle
dernier, et ce que depuis elle est peu à peu devenue, puis
ce qui a donné lieu à la création et au maintien du service
d'expériences, ensuite l'opinion qu'en a exprimée à plusieurs époques l'administration, et enfin un tableau sommaire des principales erreurs et vérités qui, depuis une
vingtaine d'années, ont fait dans cette matière le sujet de
la controverse. De l'ensemble de ce tableau il est résulté
que l'ingénieur à qui l'on doit la découverte et la mise en
lumière de presque toutes ces erreurs et vérités, est précisément celui à qui a été confié ce service, celui à qui aussi
s'adresse l'attaque.

Dans le second chapitre nous avons dit ce qu'est ac-
tuellement ce service, ce en quoi il pèche, les déclarations
défavorables comme celles favorables auxquelles il a donné
lieu, leurs causes, et ce qu'il y aurait à faire pour mettre
un terme au mal, pour accroître le bien. C'est dans ce
chapitre que, tout naturellement, nous avons exposé et dis-
cuté la manifestation qui a décidé la rédaction de cette
brochure.

Dans le troisième nous avons mis en évidence, non seulement la convenance, l'à-propos, mais encore la nécessité de ce service, celle même d'autres créations semblables et l'utilité de l'accroissement de leurs attributions.

§ 35. — Les vérités principales qui nous paraissent découler de ce travail, sont celles-ci :

1.° — Les démonstrations agressives qui se sont produites contre cette institution n'ont pas le moindre fondement, ne peuvent même pas s'étayer de raisons spécieuses. Mais elles s'expliquent par l'état profondément arriéré de l'art, état par suite duquel ceux à qui elles sont dues ont été conduits, évidemment à leur insu, à méconnaître un établissement qui a guéri les routes de leur département de trois plaies des plus nuisibles, celle des répandages généraux, celle du manque de surveillance, celle de l'absence de spécialité, à critiquer un système qui sert de base aux instructions de l'administration, qui a obtenu ses suffrages de la manière la plus explicite § 9 ; enfin, à déprécier l'ingénieur à qui l'on doit, entre autres choses, cette guérison, ce système, et par conséquent à être ingrats.

Un enseignement ressort de cette erreur, c'est que, s'il est naturel et convenable que les représentants d'un département se préoccupent de la viabilité de leurs routes, et, quand elle est mauvaise, s'en plaignent, il ne l'est pas, surtout lorsqu'elle est bonne, et qu'eux-mêmes le reconnaissent tacitement, implicitement, qu'ils s'immiscent dans des mesures qui ne sont pas de leur ressort, qui ne peuvent être appréciées qu'à l'aide de connaissances auxquelles ils sont plus ou moins étrangers, que surtout ils jettent de la défaveur sur les personnes, et particulièrement sur des hommes qui n'ont droit qu'à leur reconnaissance et à celle du pays.

2.° — Le service d'expériences n'eût-il à se féliciter que d'avoir métamorphosé une des communications générales les plus fréquentées et les plus importantes du royaume; une voie dont nombre de parties étaient si affreuses qu'elles ont préoccupé au plus haut degré la sollicitude de l'administration, qu'il mériterait déjà, les enquêtes privées l'ont assez prouvé, de grands éloges; il a, d'ailleurs, puissamment contribué par là à la prospérité d'une des plus belles contrées de la France. Mais il a fait plus, il a expulsé de cette ligne la déplorable méthode de ne pas entretenir les routes; il en a chassé de fort mauvaises habitudes, et les empêche de s'y reproduire; il y a établi l'unité de principes et de méthodes, la ponctualité, la régularité, la spécialité de la surveillance et de la main-d'œuvre; il y a, en deux mots, mis l'ordre et l'organisation où auparavant il n'y en avait pas même de traces. Et ces germes précieux, qu'il s'applique à y développer, tendent à propager de proche en proche leurs heureux résultats, à répandre dans ses alentours les mêmes bienfaits.

Par suite de l'immense différence qui existe entre le bien-faire et le bien-dire, il y a encore en France un grand nombre de routes sur lesquelles il se commet journellement les fautes les plus graves, et jusqu'à des répandages généraux, même d'immenses (1), répandages qui coûtent an-

(1) M. Dumas nous écrivait, il y a quelques années, ce qui suit :
« Il n'est sorte d'absurdités que je n'entende débiter sur votre compte;
» et si votre méthode est jugée convenablement par l'administration,
» elle a encore bien des détracteurs parmi les ingénieurs. J'ai vu même
» récemment de nos camarades, et des plus importants, contester le prin-
» cipe de l'emploi au fur et à mesure des besoins. Je savais bien que ce
» principe était mal appliqué, mais je ne savais pas qu'on le mît en ques-
» tion.
» L'entretien est réellement bien arriéré, comme vous l'avez dit tant
» de fois. On fait encore des rechargements généraux tout à côté de vous,
» et l'on a des routes peu fréquentées sillonnées de profondes ornières dans

nuellement à l'administration une indemnité de 2 millions. C'est donc une chose fort utile qu'il y ait au moins une communication d'une grande étendue sur laquelle les manquements importants soient à peu près complètement exclus, et qui puisse servir d'exemple à beaucoup d'ingénieurs. S'il existait un certain nombre de ces communications, et que leurs chefs eussent influence, autorité, sur les routes des départements qu'elles traverseraient, toutes ces fautes auraient bien vite disparu.

Parmi les nombreux et importants problèmes qui sont encore à résoudre, pour que le métier et l'art des routes sortent tout-à-fait de l'enfance, il y en a, et de fondamentaux, qui ne sauraient être résolus, même étudiés et traités que sur de tels services (1).

3.º — Tout le monde aujourd'hui conçoit que l'état de viabilité d'une route dépend à un haut degré des sommes que l'on y dépense, et qu'il peut, par suite de leur insuf-

» toute leur étendue, pendant que les accotements sont chargés de maté-
» riaux ; voilà ce que je viens de voir ces jours-ci. Cependant, les ingé-
» nieurs à qui j'en ai parlé, conviennent bien que les rechargements gé-
» néraux sont une mauvaise chose ; mais il n'en est pas moins vrai que ces
» rechargements s'exécutent presque partout, et qu'on emploie ainsi une
» grande quantité de matériaux qui ne font que gêner la viabilité et qui
» n'empêchent pas les ornières. »

Eh bien ! nos pérégrinations nous mettent à même d'assurer qu'aujourd'hui cela est encore vrai. Il y a quelques mois que celui de nos inspecteurs généraux qui a le plus fait pour la matière, nous en citait un déplorable exemple qu'il avait eu à examiner tout à loisir. Nous venons nous-même, tout récemment, d'en voir de semblables.

Ne cessons de le répéter, les moyens de faire que les actions répondent aux paroles, que le bien-faire, s'unisse au bien-dire, ne sont pas employés, pas organisés ; ce bien-dire d'ailleurs se réduit lui-même encore à fort peu de chose.

(1) Une difficulté capitale s'opposait à la solution des plus importants de ces problèmes. Elle consistait en ce que l'on n'avait pas de moyen, même tant soit peu approximatif, de mesurer l'usure. Mais, depuis quelques années, le chef du service en a trouvé un des plus satisfaisants, qui la fournit à un demi-millimètre près, et permet d'étudier très-facilement l'action de la plupart des phénomènes.

fisance., être très-mauvais, bien que l'entretien y soit fait avec beaucoup d'habileté, comme aussi il pourrait, à l'aide de leur surabondance, être excellent, quoique cet entretien y fût conduit avec une grande médiocrité. Il est donc évident que, surtout dans l'état d'enfance où l'art est encore, il suffit qu'un ingénieur ait fait ses preuves pour que, si ses routes sont moins bonnes que d'autres, on ne puisse mettre en doute que cela n'a lieu que parce que, toutes proportions gardées, elles sont moins bien dotées.

L'accroissement de la circulation est loin de suivre la même progression sur toutes ces voies : sur beaucoup, il est fort lent, très-faible ; sur certaines, il n'existe pas, ou même est remplacé par une diminution, tandis que sur d'autres il est rapide, considérable. La répartition de l'augmentation annuelle du crédit général de l'entretien doit donc inévitablement être faite d'une manière très-inégale.

Or, plusieurs des routes affectées au service d'expériences sont dans la dernière catégorie. Rien donc de plus juste, de plus logique, que d'y accroître rapidement, considérablement aussi, le crédit, et, puisque la bonté de leur tenue n'est pas contestable, que de l'accroître jusqu'à ce qu'elles puissent être maintenues excellentes. Et cela est d'autant plus juste et plus logique, qu'ainsi que nous l'avons fait voir, elles sont, toutes proportions gardées, beaucoup moins bien rétribuées que l'ensemble général de ces communications.

4.º C'est une vérité bien connue, qu'en général nul ne saurait faire faire à un ordre de connaissances de grands progrès, sans qu'on ne lui en conteste le mérite. Quand donc on dit du chef de ce service qu'il n'a rien trouvé de nouveau, qu'il n'a fait que publier ce que l'on savait avant lui, etc., etc., cela ne saurait surprendre. Ne s'est-il pas avisé en effet de dire et de prouver que, lorsque cette création a eu lieu, l'on était sur l'entretien dans l'ignorance la plus profonde ; qu'à chaque instant on y prenait, et réciproquement, sa gauche pour sa droite, le bas pour le haut, le noir pour le blanc ; qu'aujourd'hui encore les opinions les plus opposées, sur des points pourtant fondamentaux, divisent ceux qui s'en sont le plus occupés et qui passent pour le connaître le mieux ; que, quand l'ingénieur le plus distingué du corps, celui qui, par sa capacité et sa position, était le mieux à même, entendant les uns et les autres, d'en juger, a appelé *méthode de ne pas entretenir les routes* ce qui se faisait, le gâchis d'opinions qui y présidait, il n'a fait que caractériser en peu de mots la situation ; qu'avouer, comme le font ceux qui ont quelque spécialité, que l'art ne fait que de naître, c'est être, ou peu s'en faut, du même avis. Ne s'est-il pas avisé de prouver que les idées principales qui étaient professées par les hommes les plus éminents du corps, étaient fausses, certaines même extravagantes ; qu'il en a été ainsi de théories émises plus tard et accueillies cependant avec beaucoup de faveur avant qu'il n'en eût fait voir l'erreur, ainsi de l'opinion avantageuse exprimée sur les institutions et les méthodes anglaises par des publicistes de premier ordre ; que rien ou presque rien de ce qui se faisait n'était bien ; que, dans ce qui avait été écrit et dit, il y avait quelque chose de fort bon, mais que l'on ne faisait pas, mais que l'on négligeait complètement ; que pour donner la vie et la vigueur à une institution (celle des cantonniers) qui en était privée, qui était paralysée par l'abandon à eux-mêmes de ces ouvriers, il fallait recourir à des moyens auxquels on ne paraissait même pas songer, dont on ne semblait pas même avoir l'idée (1) ; qu'il ne suffit pas de découvrir, d'in-

---

(1) Il manque encore à cette institution une chose fort essentielle : voir la note qui termine cette brochure.

venter , qu'il faut encore faire pénétrer , faire adopter ses idées., et que cela est beaucoup plus difficile qu'on ne le croit; que vainement on a pour soi l'évidence et l'utilité de ces idées , elles n'en sont pas moins comme un boulet pour celui que la providence a chargé de les mettre en circulation.; que, quand on y est parvenu., tout n'est pas fait encore, attendu que les vieilles habitudes tendent avec une grande facilité à se reproduire, et que, là même où elles ont été le mieux extir- pées, elles reprennent bien vite le dessus, si une main exer- cée et ferme ne continue à s'y opposer ; que de tous les in- dividus qui s'occupent d'une matière éminemment arriérée et qui font, les uns de la théorie, d'autres de la prati- que, beaucoup ni de l'une ni de l'autre, quelques-uns de toutes deux, ces derniers seuls , on aurait beau dire et beau faire, peuvent contribuer beaucoup à son avancement, et encore à la condition qu'ils l'auront soumise pendant de lon- gues années à des investigations., à des études faites avec suite, méthode et aptitude ; que, dans le vil métier de pousse- cailloux , il n'y avait rien moins qu'un métier et un art très utiles, et dont l'exercice repose sur des connaissances dé- licates, difficiles et à peine ébauchées, etc. , etc. Or , avoir fait cela , avoir montré où étaient les difficultés et où elles n'étaient pas , en quoi elles consistaient., quels étaient les problèmes essentiels à résoudre , avoir découvert nombre de faits importants et plus d'une loi , avoir trouvé ou fixé, pré- cisé les principes , les méthodes , remplacé le chaos par l'or- dre, en deux mots , avoir beaucoup démoli et beaucoup re- construit, et qui pis est , avoir donné l'exemple d'une sincérité de langage, d'une persévérance, d'une abnégation peu com- munes , et , qui pis est, continuer cette œuvre , continuer de prouver que ceux-mêmes qui passent aujourd'hui pour con- naître le mieux la science des routes et du roulage en ont généralement à peine les premières notions, ainsi du reste que cela a lieu dans l'enfance de toute science, n'est-ce pas évidemment n'avoir rien trouvé de nouveau, n'avoir enseigné que ce que l'on savait (1)?

§ 36. — Le rôle des voies de communication, quoique apprécié, suivant nous, fort au-dessous de sa valeur, même par des esprits très-distingués, l'est cependant déjà assez bien pour qu'il fût superflu de dire qu'elles sont aussi indispensables à la formation et à l'existence des sociétés que l'air et l'eau au soutien de la vie; qu'elles sont les meilleurs des instruments imaginés jusqu'à ce jour pour faciliter, favoriser le rapprochement des hommes, les mettre à même de se connaître, leur inspirer de bons désirs mutuels, et faire arriver de plus en plus à la portée du grand nombre, des jouissances, tant intellectuelles que matérielles, qui ne l'étaient d'abord qu'à celle de quelques-uns; de dire que l'imprimerie elle-même, cette puissance colossale, ne serait sans elles qu'un corps sans ame. Mais ce que malheureusement il n'est pas superflu de dire, ce que l'on ne comprend pas encore, bien que cela soit certain, c'est que pour être en mesure d'en hâter, dans l'ordre et au degré convenables, le développement intelligent, et de faire remplir à chacune sa fonction de la manière la plus utile à cette

(1) Rarement ceux qui jugent à propos de déprécier les œuvres des novateurs se montrent conséquents. Même les plus sincères et les mieux intentionnés sont oublieux; et souvent, sans qu'ordinairement ils s'en aperçoivent, la vérité, qu'aujourd'hui ils expriment et défendent, avait hier attiré de leur part à celui qui l'avait découverte les jugements les plus sévères. Plus d'un, qui disait il y a quelques années que nos idées étaient celles d'un homme à mettre à Charenton, a accepté ces idées, au moins en grande partie, ou a cessé de les repousser, et est bien près de les adopter. *On a beau faire*, a dit Montesquieu, *la vérité s'échappe et perce toujours les ténèbres qui l'environnent.*

œuvre si intéressante, il faut, au préalable, connaître, et pour cela étudier deux choses : d'abord, les propriétés, la manière d'être, la véritable destination, non pas d'une ou de deux espèces de ces voies, mais de toutes ; ensuite, les circonstances dans lesquelles elles ont à agir, à s'entr'aider ; mais ce que plus malheureusement encore il n'est pas superflu de dire, ce qui est encore moins compris, c'est que les plus utiles, au moins pour la France, sont, et de beaucoup, et à toujours, les voies de terre, voies qui sont plus particulièrement celles de l'agriculture, et, comme nous ne cessons de le publier, une poule aux œufs d'or.

Les populations d'une contrée comme celles dont ce royaume se compose, disséminées sur son étendue, vivent et se meuvent par groupes ou communes dans une sphère dont le rayon d'activité n'est, et, par la force même des choses, ne peut être que de quelques kilomètres. Chaque village, chaque ville même, reçoit des campagnes qui l'environnent, c'est-à-dire d'une faible distance, la presque totalité des matières nécessaires à ses constructions, à son alimentation, à son chauffage, et leur fournit en retour, mais en bien moindre quantité, d'autres matières, et surtout des fumiers et des produits manufacturés. Ces campagnes sont d'ailleurs en grande partie la propriété de ses habitants, qui y vont et en viennent à toute heure du jour ou de la nuit, dans leur propre voiture, ou à cheval, ou à pied. Eh bien ! ce sont ces relations de voisinage, relations de tous les temps, de tous les instants, qui constituent la grande masse de circulation de l'immense majorité des individus et des choses ; et il est aisé de concevoir que c'est à tout jamais par le moyen des routes qu'elles s'exercent, comme c'est à tout jamais par le moyen des rues qu'elles ont lieu dans les villes ; et il est aisé de concevoir que, dé-

cuplât-on le nombre et l'étendue des autres espèces de voies,
les choses ne s'en passeraient pas moins ainsi , que les cul-
tivateurs et les propriétaires ne s'en serviraient pas moins
de leurs voitures et de leurs chevaux pour satisfaire à ce
besoin qui d'ailleurs comprend toute la culture , presque
toutes les exploitations , et embrasse , ainsi que nous l'avons
démontré ailleurs , les sept huitièmes au moins des transports (voir à ce sujet nos brochures de février 1839 et de
décembre 1844).

Mais ce n'est pas seulement parce qu'elles sont destinées
à desservir, et à toujours , la grande majorité des relations
du pays, que les routes méritent , beaucoup plus encore que
les autres voies , la sympathie , la sollicitude , le concours
de la nation tout entière , et par conséquent aussi des partisans des chemins de fer et de ceux des voies navigables (1),
c'est encore parce que l'instruction , les lumières , les bons
désirs et les jouissances , auxquels nous avons fait allusion ,
étant peu communs , on ne saurait améliorer trop tôt l'espèce de voie qui , en raison de l'universalité et de la fré-
quence des contacts qui s'opèrent par elle , se prête le mieux
à les faire pénétrer au sein des populations.

La plus grande partie de la nation (les quatre cinquiè-
mes d'après l'Encyclopédie des gens du monde) habitant les
campagnes , est privée de la connaissance ou de l'usage d'un
grand nombre de choses qui pourraient améliorer son sort ,

---

(1) Les amis mêmes les plus exclusifs des chemins de fer et des voies
navigables commencent enfin à comprendre que , pour faire usage de ces
voies , il faut d'abord y arriver , puis , qu'après s'en être servi , il faut encore se rendre où l'on veut aller , enfin , que la fréquentation de ces communications ne peut que gagner considérablement au développement de
l'activité sur tous les points du territoire , toutes choses qui , pour l'immense masse de ce qui les emprunte , ne peuvent avoir lieu qu'à l'aide des
rues et des voies de terre ; de sorte que , dans l'intérêt même de leur thèse ,
de leurs protégés , ils en doivent désirer la prompte mise en parfait état.

sans accroître et souvent même en diminuant ses dépenses ; elle est de plus, sur bien des points, encore imbue de préjugés et d'erreurs déplorables (1). Cela est dû évidemment à ce qu'en général elle n'a point ou a peu de rapports avec les personnes qui pourraient l'instruire des uns et des autres, car c'est surtout par les contacts, par la parole, par l'exemple, que l'on s'éclaire, et cela plus particulièrement dans le peuple, qui d'ailleurs a peu le moyen et le temps de lire. Or, il est évident que c'est presque uniquement aux voies de terre qu'il faut demander cette tâche, et que la meilleure manière de les mettre à même de la remplir serait de les rendre le plus tôt possible excellentes. Il en résulterait d'ailleurs d'autres avantages, et plus particulièrement celui que les voitures pourraient porter beaucoup plus. Or, il ne faut pas oublier que ce sont ces véhicules qui exécutent la grande majorité des transports.

La société a commencé à comprendre que, dans l'apologue des membres et de l'estomac, il y a un large enseignement, et que de sa part il n'y aurait pas seulement acte de bon cœur, mais encore d'intelligence, de jugement, de bonne entente de ses propres intérêts, à s'efforcer de pourvoir à la satisfaction des besoins, au bien-être du corps et des membres aussi bien qu'à ceux de la tête. Aujourd'hui, nombre de personnes croient que de près ou de loin tout se lie, s'enchaîne, et que dans chaque individualité il y a solidarité, même entre les parties les plus distantes et les plus dissemblables. Tous sont loin sans doute de proposer, pour

(2) Dans une foule de localités, il y a encore bien des personnes qui croient aux sorciers, aux revenants, au mauvais augure de l'apparition ou des cris de certains oiseaux nocturnes, à la vertu d'amulettes, etc., etc. ; dans beaucoup aussi, bien des individus ne savent ni lire ni écrire, et n'en sentent pas ou en sentent à peine les inconvénients.

créer cette satisfaction, ce bien-être, les mêmes moyens (1),
les mêmes tempéraments ; mais tous sentent la noblesse de la
tâche, son à-propos, sa nécessité ; mais tous reconnaissent
qu'un immense travail se fait dans les esprits, et qu'au travers des luttes et des combats qui se livrent, des symptômes
non équivoques de dispositions à la bienveillance, à la conciliation, aux sacrifices et aux concessions mutuels, se manifestent. Or, tout a son commencement, sa gestation, son travail d'enfantement. Quand on songe qu'il fut un temps où il
n'y avait qu'une profession honorée, celle des armes, et il
n'est pas encore bien loin, qu'il en fut un, et il n'est pas encore trop loin non plus, où c'était une honte d'être instruit,
même de savoir signer son nom, où par conséquent ce n'était
pas l'intelligence qui primait, ses œuvres qui brillaient,
on conçoit que la transformation déjà opérée n'est qu'un
prélude, qu'elle se poursuit, et que, soit dans le présent,
soit dans l'avenir, elle ne saurait manquer d'offrir à la géné-
ration de l'époque des idées étranges pour elle, des idées aussi

(1) Où nous nous trompons fort, où plusieurs de ces moyens auraient
bien plus de partisans et de plus éclairés si ceux qui les produisent s'ap-
pliquaient avec plus de soin qu'ils ne le font à éviter ce qui peut inspirer la défiance, et surtout le repoussement. Or, parmi les choses qui ex-
citent la défiance, il faut placer l'enthousiasme, attendu qu'en fait surtout de théorie il est généralement aveugle ; et parmi celles qui font
naître le repoussement, il faut mettre en tête la personnalité, car elle
afflige et parfois mécontente fort ceux-mêmes qu'elle n'atteint pas. Quand
surtout elle s'adresse à des hommes supérieurs, elle retombe presque toujours, eussent-ils fait des fautes graves, sur ses auteurs : s'écarter des é-
gards que l'on doit à ces hommes, c'est faire douter au moins de son jugement. D'ailleurs, autant on attire par un langage poli, prévenant, affa-
ble, et tout au moins mesuré, tolérant, autant on éloigne par un ton ro-
gue, moqueur, cassant, exclusif.

Nous ne faisons point ici une critique, nous ne donnons même pas un
conseil, nous exprimons une opinion générale. Une femme de beaucoup
d'esprit a dit : « La douceur du ton et des manières a un ascendant imper-
» ceptible auquel on ne résiste pas ; » et M. de Chateaubriant : « Un ton
» poli rend les bonnes raisons meilleures et fait passer les mauvaises. »

ou plus étranges pour elle que ne l'étaient pour les temps dont nous venons de parler celles qu'un jour il y aurait bien d'autres professions aussi ou plus relevées que celle des armes , et que la honte serait réservée aux individus qui dédaigneraient l'instruction , le progrès des lumières , à ceux surtout qui leur seraient hostiles. Quand on songe que les hommes les plus éminents du passé ont eu , ainsi que les masses de leur temps , des croyances qui aujourd'hui semblent inconcevables , certaines même extravagantes ; qu'ainsi ils considéraient l'esclavage comme une nécessité, l'existence des antipodes comme absurde, le mouvement de la terre comme une hypothèse ridicule, l'apparition des comètes comme un présage sinistre, l'exercice de l'industrie comme une chose ignoble , etc.; qu'ainsi ils avaient foi aux sorciers ; aux amulettes , aux songes ; qu'ils jugeaient , absolvaient ou condamnaient , excommuniaient des animaux, etc. ; qu'ainsi , dans les temps récents, Montesquieu et ses contemporains ont pensé de la guerre ce qu'Aristote et les siens pensaient de l'esclavage , que c'était une chose indispensable ; que de nos jours on a traité d'utopie l'idée de paralyser, au moyen des paratonnerres , les effets destructeurs de la foudre , la possibilité de l'éclairage au gaz , celle de la navigation à la vapeur , celle de faire sur les chemins de fer plus de cinq lieues à l'heure , etc. , etc. ; quand on songe enfin que les personnes les plus savantes, les plus éclairées sont les premières à convenir que ce que l'on sait n'est rien auprès de ce que l'on ignore , il est difficile de ne pas être enclin à une grande défiance de ses répugnances , à une extrême tolérance. On se prend alors à penser , en voyant tant de prétendues erreurs ou absurdités devenues des vérités, des réalités , que plus d'une aspiration du présent , si merveilleuse qu'on l'imagine , pourrait bien un jour avoir son tour , que par conséquent il serait déraisonnable de condamner des idées par le motif qu'elles choquent les opinions reçues, et qu'il est sage de ne traiter d'impossibles ou d'absurdes que les contradictoires; on se prend à penser qu'il est d'une âme noble et généreuse de désirer pour ses semblables, et par suite pour les individus en immense majorité qui forment le corps et les membres de la société, qu'il devienne possible de mettre en pratique et le principe de fraternité dont on n'a trouvé encore généralement que la théorie, que la formule, et celui de solidarité qui est dans le même cas, et qui, pour être récent, n'en est pas moins d'une justesse peu contestable; on se prend à penser qu'il est d'une âme encore plus noble et plus généreuse d'unir, quand elle le peut, les actes aux désirs, d'autant que le passage de la théorie à la pratique, hérissé d'écueils et fécond en naufrages, ne se franchit pas sans de prodigieux efforts.

Destinées à jouer un rôle d'une importance extrême dans l'échange des idées et des produits, dans leur diffusion, dans l'éclosion, l'élaboration, la propagation et le développement des moyens qui peuvent conduire à toute mise en pratique, à toute généralisation, les voies de communication doivent, nous ne saurions trop le répéter, y concourir chacune à sa manière, et dans la mesure des propriétés qui lui sont dévolues, des lieux et des circonstances où elle a à fonctionner: les mers pour toutes les relations lointaines; les grands fleuves et rivières; les chemins de fer; certains canaux, pour celles moins éloignées; les routes pour celles de voisinage, pour celles de la vie journalière. Les routes, c'est comme la maison qu'on habite; les autres voies, c'est comme un théâtre; on n'y va que de temps à autre, et beaucoup encore n'y vont pas. Pour un pays comme la France, les routes, c'est le pain; les autres voies sont les aliments exceptionnels. Solidaires, il est vrai, les unes des autres, les voies de communication peuvent jusqu'à un certain point se suppléer plus ou moins ; mais leur véritable rôle est de s'entr'aider, et d'avoir chacune des affinités que n'ont pas les autres ou qu'elles n'ont qu'à un moindre degré, de même que font dans une grande ville les diverses espèces de voitures, de même que font dans la matière des vêtements, dans celle de l'alimentation, etc., les différentes substances qui y sont employées.

Si les chemins de fer et les canaux sont l'objet de beaucoup plus d'attention que les routes, c'est par la raison fort simple qu'ils sont plus nouveaux, et surtout qu'ils sont presque tous affermés à des compagnies, et à des compagnies assez riches et puissantes pour trouver bon nombre d'organes de la publicité périodique disposés à en parler souvent, et dans des termes qui ne sont pas défavorables à leurs intérêts. Mais cela ne change rien à la vérité, et ne saurait être pour nous qu'un motif de reproduire plus souvent les faits et les principes qui en découlent, de démontrer plus souvent que les écrivains qui se sont montrés partisans presque exclusifs des chemins de fer n'avaient pas étudié les voies de terre, qu'ils ne connaissaient pas suffisamment l'ensemble du sujet, de répéter sans cesse que l'espèce de communication qui est et de beaucoup la plus utile, qui peut le plus pour la grande majorité, pour la presque totalité de la nation, est celle qui seule possède la propriété d'être complètement libre, de convenir, de servir à toute heure et en tout temps à tous les individus, à toutes les choses, à tous les lieux, à toutes les relations, à tous les contacts, à toutes les pauvretés et misères, comme à toutes les richesses, d'être en deux mots ce que sont les rues.

Le service d'expériences, par son but, ses résultats, ses tendances, ses chances d'avenir, peut être considéré comme un foyer, comme un instrument éminemment favorables à la mise en pratique, au développement, à la propagation de tout ce qui intéresse cette espèce de voie, et les idées qui s'y rattachent. Son chef, par ses travaux et ses doctrines, s'en est fait l'organe. L'un et l'autre, il est vrai, ont eu et ont encore le sort de tout ce qui, en exposant au grand jour des vérités contraires aux opinions reçues et aux habitudes, vient froisser, heurter ceux qui ont ces opinions, ces habitudes; en sorte qu'en fait d'attaques, de désobligeances, de difficultés, de mauvais vouloirs, rien ne leur a manqué. Mais ils n'en ont pas moins déjà contribué beaucoup à cette mise en pratique, à ce développement, à cette propagation; et si, comme cela est probable, ces obstacles ne tardent pas à disparaître, ils le feront à l'avenir d'une manière bien plus efficace.

L'accomplissement de la mission que nous avons reçue et de la tâche que nous nous sommes tracée nous a condamné à de longues et rudes épreuves, mais elle nous a aussi procuré des témoignages de sympathie et d'intérêt auxquels nous avons été infiniment sensible, et dont nous conserverons toujours le souvenir. Nous saisissons avec empressement cette occasion d'en manifester notre gratitude à l'administration et à ceux de MM. les inspecteurs, de MM. les préfets, des conseils généraux, ainsi qu'à toutes les personnes qui ont bien voulu nous les donner.

Malheureusement nous avons été forcé, dans l'intérêt de nos doctrines, et, nous en avons la conviction, dans celui de la vérité, dans celui de la société, de critiquer, parfois même vivement, certaines opinions, certaines mesures; nous en exprimons nos regrets à ceux qui ont pu en être contrariés. S'ils n'en conservent pas plus de ressentiment que nous n'en conservons de tout ce qui a été fait contre ces doctrines, et même contre nous personnellement, ils en auront bientôt perdu le souvenir.

FIN.

NOTE

SUR UN MOYEN DE VENIR EN AIDE A L'INSTITUTION DES CANTONNIERS.

A la tête des obstacles qui nuisent à la bonne tenue des routes, et la rendent en quelques circonstances presque impossible, il ne faut pas mettre seulement l'ignorance où l'on est au sujet de la solution de bien des questions importantes, et dont même plusieurs fondamentales, mais encore et surtout la difficulté de vulgariser le peu que l'on sait, d'en tirer parti, de le faire exécuter, d'apprendre aux cantonniers et à leurs chefs, aux agents de la surveillance journalière plus particulièrement, ce qui est du ressort de chacun, de franchir en un mot le passage de la théorie à la pratique, du bien-dire au bien-faire.

L'institution qui a confié à des ouvriers stationnaires le métier de l'entretien, était restée long-temps languissante, étiolée, impuissante, par suite de ce que ces ouvriers étaient, ou à peu près, abandonnés à eux-mêmes; de ce que, non seulement ils n'avaient aucune notion de ce métier, mais encore et surtout de ce qu'ils étaient d'une inexactitude extrême. Enfin, des moyens efficaces ont été employés contre cette inexactitude, et aujourd'hui elle a généralement beaucoup diminué (1). Mais l'absence de notions n'est pas dans le même cas; elle n'est guère moindre qu'elle n'était. Elle aussi, pourtant, a besoin et grand besoin d'être combattue. Mais comment ?

---

(1) L'insistance que nous avons mise dans nos écrits à faire sentir la nécessité de l'accroissement et de l'amélioration de la surveillance, surtout de celle journalière, incessante, les tableaux que nous avons répandus à ce sujet, il y a une douzaine d'années, tableaux qui, modifiés ou non, sont aujourd'hui d'un usage fort répandu, ont puissamment contribué à ce résultat.

La plupart des arts, pendant leur enfance, sont souvent dans le cas de rappeler la pensée de Lafontaine :

> Ne faut-il que délibérer ?
> La cour en conseillers foisonne :
> Est-il besoin d'exécuter ?
> L'on ne rencontre plus personne.

Celui de l'entretien l'a déjà été bien des fois, et l'est encore aujourd'hui à ce sujet. Nous disons tous à qui mieux mieux : Faisons exécuter les bonnes méthodes, il faut faire exécuter les bonnes méthodes ; oui, attachons le grelot, il faut attacher le grelot. C'est bien dit ; mais encore une fois, comment ?

Cherchons, et peut-être trouverons-nous que ce n'est pas plus difficile que l'équilibre de l'œuf de Christophe Colomb, pas plus difficile qu'il ne l'était, il y a quelques années, d'imaginer que ce qui était la lèpre de l'entretien, de ce métier de pousse-cailloux, c'était l'abandon des cantonniers à eux-mêmes, que ce qui en était un digne accessoire c'était les répandages généraux, et ainsi de tant d'autres choses.

Si nous ne nous trompons, l'esprit de découverte et celui d'organisation doivent s'attacher, le premier à trouver, à saisir les caractères essentiels, et surtout le cachet de chaque chose ; le second, à régler sur eux, à déterminer d'après eux, après les avoir classés dans leur ordre d'importance, les principes, les méthodes, les procédés, les prescriptions. Or, le cachet du cantonnier, ce qui le distingue surtout de la plupart des autres ouvriers, quel est-il ? C'est d'être appelé à travailler presque toujours hors de la vue de ses chefs. Le cachet de l'agent de surveillance journalière, agent qui, il y a peu d'années encore, n'était pas connu, n'existait pas, et sur bien des points fait toujours défaut, quel est-il ? C'est de voir encore moins souvent les siens. Il serait superflu de parler ici des autres caractères de ces deux fonctions ; ce cachet suffit.

Mais l'instruction pratique ne pénètre que comme la goutte d'eau creuse la pierre, *non bis, sed sæpe cadendo*. Ces deux chevilles ouvrières de la viabilité, le cantonnier et le surveillant journalier, ne sauraient donc acquérir celle qui leur est nécessaire qu'avec une excessive lenteur, tant qu'on ne la leur aura pas mise sous la main comme l'outil, comme l'instrument que l'on peut, à volonté, prendre ou laisser à l'instant, toujours toute prête.

Or, il n'y a qu'une espèce de chose qui puisse satisfaire à cette condition : c'est un écrit, une exposition abrégée des principales notions ; c'est-à-dire, pour le surveillant, un manuel du cantonnier, et pour cet ouvrier, quand il sait lire, un petit mémento.

La belle trouvaille ! vont s'écrier ceux qui savent toujours tout ; n'avons-nous pas le réglement et quelques circulaires ? Laissons-les dire et marchons.

Même sur les routes, et malheureusement elles ne sont pas nombreuses, où les ingénieurs et leurs conducteurs sont au niveau des connaissances de l'époque, ce manuel rendrait de grands services ; d'abord, parce que ceux-mêmes qui savent ont généralement besoin de posséder dans un résumé la substance de ce qu'ils savent, l'exposé sommaire des principes et des méthodes ; ensuite, et surtout parce que les piqueurs, les ambulants, les brigadiers, les cantonniers-chefs sont loin d'être à ce niveau. A combien plus forte raison donc en rendrait-il de tels sur celles où ces premiers rudiments font essentiellement faute, et c'est la grande majorité !

Bien plus, pour les chemins vicinaux, où pourtant la spécialité est beaucoup moins nécessaire, l'utilité d'un tel écrit est et a été vivement appréciée par tous les hommes éclairés ; et la publication de celui qui a paru il y a quelques mois, a attiré à son auteur les suffrages les moins équivoques. Il ne sera pas inutile d'en citer un des plus saillants : il est dû à l'un des administrateurs qui connaissent le mieux la matière, et qui savent combien, dans la pratique des affaires, et surtout des branches de connaissances peu avancées, il importe que ceux qui président aux travaux aient à chaque instant sous les yeux un guide de ce genre ; le voici :

« Vous venez de publier, sous le titre de *Manuel du Cantonnier*
» *des chemins vicinaux*, un écrit éminemment utile et que j'ai
» lu avec le plus grand intérêt. Il contient l'exposé méthodique,
» clair et précis de la bonne direction du service important de
» cet agent ; je désire, en conséquence, mettre votre excellent
» manuel entre les mains des cantonniers attachés dans ce dépar-

» tement au service des chemins vicinaux de grande ou de pe-
» tite communication, et j'ai l'honneur de vous prier, etc. »

Dans l'état actuel de l'art, un manuel du cantonnier ne saurait manquer, quels qu'en soient l'auteur ou les auteurs, de con-
tenir des erreurs; quel livre d'ailleurs en est exempt? Bien moins
encore donc pourrait-il être approuvé de tout le monde. Mais,
pour peu que l'ensemble en soit bon, sa mise entre les mains de
tous les surveillants, et surtout des ingénieurs et de leurs conducteurs, n'en serait pas moins, nous le répétons, une mesure
des plus favorables à la bonne tenue de l'institution, et par conséquent aux progrès de l'entretien. Tant qu'elle n'aura pas eu
lieu, cette institution fonctionnera mal; elle péchera sous le
rapport du manque de spécialité et d'unité, comme elle péchait
sous celui de l'exactitude, tant que les moyens d'assurer cette
exactitude n'avaient pas été trouvés et mis en œuvre.

Nul métier n'est bien organisé, bien ordonné, si la spécialité
et l'unité de principes et de méthodes n'y ont pas ou y ont peu de
garanties.

Sans doute, cette mesure ne serait qu'une amélioration de
détail, et qui n'empêcherait pas que, sur une foule de points,
il ne se fît encore des fautes, même de plus ou moins graves,
mais elle en préviendrait ou amoindrirait un grand nombre;
sans doute, elle ne suppléerait pas à la haute surveillance
d'hommes aussi spéciaux et instruits que possible, mais elle
leur viendrait beaucoup en aide.

Le mémento serait bien moins utile que le manuel, et cela
d'autant plus, que la plupart des cantonniers ne savent pas lire.
Mais il ne laisserait pas que de l'être encore assez, surtout dans
certains départements. D'ailleurs, ne le fût-il que pour les cantonniers-chefs, ce serait déjà beaucoup.

On ne saurait le répéter trop : après avoir organisé l'exactitude, il faut organiser la spécialité. On ne saurait le répéter trop :
cette organisation serait d'autant plus essentielle, que la branche
de connaissances qu'elle concerne touche à tout, tient à tout,
est d'une utilité sans égale. Et à ce sujet nous reproduirons un
passage de notre brochure de mai 1834, page 9.

« Un de nos inspecteurs généraux, dont les écrits remarqua-
» bles n'ont pas peu contribué à étendre la réputation, M. Du-

» tens, me disait il y a un an : *Je ne sais si vous êtes en mesure*
» *de tenir ce que vous promettez dans votre brochure, mais je ne*
» *vous tairai pas que j'ai toujours pensé et souvent dit que l'ingé-*
» *nieur qui, avec des fonds peu supérieurs à ceux ordinaires, trou-*
» *verait le moyen de rendre les routes bonnes en tout temps, aurait*
» *rendu à son pays un des plus grands services qu'homme puisse as-*
» *pirer à lui rendre.*

» J'ajouterai même qu'une partie de ses collègues se sont ex-
» primés devant moi dans le même sens, ou à peu près. »

Or, le jour où la spécialité sera, ne fût-ce que passablement,
assurée, ce problème sera encore plus complètement résolu ; car
l'entretien fournira des routes excellentes, et à un prix propor-
tionnellement moindre qu'à l'époque dont il s'agit, époque où
le tonnage était si inférieur à ce qu'il est aujourd'hui, et où les
matériaux et la main-d'œuvre étaient généralement sensiblement
moins chers.

Il ne tiendra pas à nous que le manuel et le mémento dont
cette note est le sujet, ne viennent ajouter bientôt aux heureux
résultats de notre mission. Plus tard, nous y joindrons le manuel
du surveillant.

TABLE.

AVANT-PROPOS.

CHAPITRE I.

HISTORIQUE.

1.re SECTION.

CÔTÉ MATÉRIEL.

2.me SECTION.

CÔTÉ MORAL.

3.me SECTION.

COUP-D'OEIL GÉNÉRAL SUR LE PASSÉ ET LE PRÉSENT DE L'ART.

CHAPITRE II.

SITUATION.

CÔTÉ MATÉRIEL.

CÔTÉ MORAL.

CHAPITRE III.

RAISONS D'ÊTRE.

CHAPITRE IV.

RÉSUMÉ ET CONCLUSIONS.

Pages

NOTE

SUR UN MOYEN DE VENIR EN AIDE À L'INSTITUTION DES CANTONNIERS.

FIN DE LA TABLE

OUVRAGES DE L'AUTEUR.

1.º Notice sur la manière la plus économique de construire, de réparer et d'entretenir les grandes routes et les chemins vicinaux ;
2.º Suite à la Notice sur les grandes routes et les chemins vicinaux ;
3.º Théorie et Pratique des mortiers et des ciments romains ;
4.º Mémoire sur la nécessité d'une liberté illimitée dans les charges du roulage, et sur les moyens pratiques de maintenir les routes en parfait état avec cette liberté, sans accroître la dépense ;
5.º De l'Art d'entretenir les routes, ou comparaison de trois systèmes d'entretien ,

Savoir :

1.º Celui de Mac-Adam,
2.º Celui généralement usité en France,
3.º Celui de M. Berthault-Ducreux ;

6.º Des Mesures qui peuvent le mieux assurer le rétablissement des grandes routes et des chemins vicinaux, tout en aidant l'industrie des transports, au lieu de lui créer des entraves ;
7.º De l'entretien des routes et du roulage ;
8.º Éléments de l'art d'entretenir les routes ;
9.º Comparaison des routes, des voies maritime et fluviale, des canaux et des chemins de fer ;
10.º Essai d'un Traité sur l'Entretien des routes en empierrement ;
11.º Notions sur le Service d'expériences sur l'Entretien des Routes, etc., etc. (Août 1841) ;
12.º Une Visite à un Empierrement très-fréquenté, etc., etc. (Nov. 1841).
13.º Exposé et application des faits, attributs et principes, tant principaux que particuliers, les plus importants à prendre pour guides dans les questions relatives à l'entretien des routes et à la police du roulage.
14.º Une Visite à quelques routes en Empierrement, etc., etc. (Avril 1842).
15.º Note sur le Roulage et les Routes d'Angleterre et de France (Mai 1843).
16.º 2.ᵐᵉ Note sur le Roulage et les Routes d'Angleterre et de France (Août 1843).
17.º 3.ᵐᵉ Note sur le Roulage et les Routes d'Angleterre et de France (Mars 1844).
18.º Manuel du Cantonnier de chemins vicinaux.

9 782329 016191